반야심경 워크북
마음의 고통과 집착에서 벗어나는 길

반야심경 워크북

마음의 고통과 집착에서 벗어나는 길

서명석

책인숲

서명석

철학박사

현재 제주대학교 교육대학 교육학과 교수로 재직하고 있다.

한국학중앙연구원 한국학대학원을 졸업했다.
그곳에서 선철학을 탐구했다.
동양고전을 현대적으로 읽고
그 의미를 드러내 보여주는 일에
주력하고 있다.

『가르침과 배움 사이로』(2012)
『교육의 무한궤도 이탈』(2015)
『아동, 넌 누구냐?』(2015)
『설괘전』(2015)
『서괘전』(2016)
『잡괘전』(2016)
『C&I 교육과정과 수업의 탈주선』(2016)
『퇴율공부법과 현대교육 비판』(2017)
『주역상담&주역치료』(2017)
『성리학의 수양치료』(2018)
『철학상담&철학치료 철학Café』(2018)
『반야심경 워크북』(2019)의 책을 펴냈다.
최근「철학상담의 교육 세계」(2018)와
「철학적 산파법의 교육 세계」(2019)를 비롯해
그간 수십 편의 논문을 발표했다.

반야심경 워크북
마음의 고통과 집착에서 벗어나는 길

초판인쇄	2019년 8월 10일
초판발행	2019년 8월 20일
지은이	서명석
디자인	디자인에이비
펴낸곳	책인숲
출판등록	142-91-51951
주소	경기도 용인시 기흥구 기흥역로 9 롯데캐슬레이시티 A동 2801호
대표전화	031-276-6062
팩스	031-696-6601
전자우편	booksinforest@gmail.com

© 책인숲, 2019, Printed in Korea
ISBN 979-11-89441-01-2 03220

*이 책 내용의 일부 또는 전부를 재사용하려면 반드시 책인숲의 동의를 얻어야 합니다.
*잘못 만들어진 책은 구입하신 곳에서 교환해 드립니다.
*이 도서의 국립중앙도서관 출판예정도서목록(CIP)는 서지정보유통지원시스템 홈페이지(http://seoji.nl.go.kr)와 국가자료공동목록시스템(http://nl.go.kr/kolisnet)에서 이용하실 수 있습니다.(CIP제어번호 : CIP2019028629)

空

일러두기

1. -은 특별히 강조하는 한 묶음에 쓰였다.
2. [ ]는 같은 것의 풀이나 부연 내용이다. 그리고 원문 번역시 문맥의 원활한 흐름을 위해 이를 사용했다.
3. 『 』은 책이름에 쓰였다.
4. < >를 하나로 묶을 경우 사용했다. 그리고 강조시에 이를 사용했다.
5. ·은 대등과 병렬의 경우에 쓰였다.
6. ☞는 주의해서 보라는 뜻이다. 또한 참조하라는 뜻이다.
7. 한자의 음과 훈은 원문의 맥락에 가장 적합한 것으로 관련 사전에 의거한 것이다.
8. 이 책에 사용한 『반야심경』 텍스트는 당나라 현장의 한역본이다.

고정적이고
불변하는
실체-없음!

머리말

1

『반야심경』은 불교의 성스러운 경전經典, 즉 바이블이다. 그러면서 이것은 『금강경』과 더불어 쌍벽을 이룬다. 『금강경』이 긴 호흡이라면 『반야심경』은 짧은 호흡이다. 그래서 『반야심경』은 압축과 응축이 심하다. 그렇기 때문에 『반야심경』을 소화하기 위해서는 암호해독기가 필요하다. 이 책이 그런 역할을 수행할 것이다.

2

『반야심경』의 원래 이름은 『마하반야바라밀다심경』이다. 이렇게 놓으면 책 이름은 글자 수가 총 10자이다. 그리고 시중에 유통 중인 원문의 글자 수는 총 260자이다. 이렇게 해서 총 270자로 이루어진 『반야심경』은 불교사상의 골수를 이룬다.

3

이 책은 시중 약본인 『반야심경』을 해체해서 읽는 데 주안점이 있다. 이를 위해 워크북의 형태로 이 책을 만들었다. 말하자면 『반야심경』 워크북이 이 책의 기본 콘셉트이다.

독자 여러분은 이 책을 통하여 불교철학의 정수를 마음껏 섭취하시라.
그러면서 부디 성불하시길,
Utere Felix!

불기 2563년
서기 2019년
7월 7일
으젼
공의-본질을-있는-그대로[空性如如]
바라브며
저자 머리 숙여
합장합니다

차례

10 — 머리말

21 — 한역본 원문

25 — 제1부 『반야심경』 강독
28 — 1. 도입
33 — 2. 전개
82 — 3. 정리

95 — 제2부 『반야심경』 텍스트 읽기

109 — 제3부 『반야심경』 사경
110 — 1. 한문버전
118 — 2. 한글버전
120 — 3. 만다라

173 — 맺음말

부록
174 — • 원문
176 — • 참고한 도서

般若心經

若 人 欲 了 知
약 인 욕 료 지

三 世 一 切 佛
삼 세 일 체 불

만약 인간이 과거·현재·미래의 모든 부처를
깨달아 알고자 한다면

應 觀 法 界 性
응 관 법 계 성

마땅히 실상의 본질을 알아야 한다.

一 切 唯 心 造
일 체 유 심 조

모든 것은 오직 마음이 만드는 것이리라.

— 『화엄경』

❁ **若人欲了知** 약인욕료지	若약	만약 약	
	人인	사람 인	
	欲욕	하고자할 욕	
	了료	깨달을 료	
	知지	알 지	
	了知료지	깨달아 알다	
❁ **三世一切佛** 삼세일체불	三삼	석 삼	
	世세	세상 세	
	三世삼세	과거·현재·미래	
	一일	모두 일	
	切체	모두 체	
	一切일체	모든	
	佛불	부처 불 = 붓다 ☞ 78쪽	
❁ **應觀法界性** 응관법계성	應응	마땅히 ~해야 할 응	
	觀관	볼 관	
	法법*	존재 법	
	界계	세계 계	
	法界법계	존재하는 세계의 실상	
	性성	본질 성	
	*이때 법은 이 세상에 존재하는 유형과 무형의 모든 존재[一切萬有]를 말한다. 이른바 산스크리트어인 다르마dharma가 이것이다. ☞ 43쪽		
❁ **一切唯心造** 일체유심조	一일	모두 일	
	切체	모두 체	
	一切일체	모든 것	
	唯유	오직 유	
	心심	마음 심	
	造조	만들 조	

총칭

『摩訶般若波羅蜜多心經
마하반야바라밀다심경』

약칭

『般若心經
반야심경』

摩訶-般若-波羅蜜多-心-經
마하 - 반야 - 바라밀다 - 심 - 경

Mahā-prajñā-pāramitā-hṛdaya-sūtra*

*이것은 범어梵語, 즉 산스크리트Sanskrit어다.

Mahā	위대한, 완전한	= 마하摩訶
prajñā	지혜	= 반야般若**
pāramitā	이 언덕에서 저 언덕으로 건너감, 즉 도피안到彼岸	= 바라밀다波羅蜜多
hṛdaya	심장, 핵심	= 심心
sūtra	경문經文	= 경經

** 반야는 팔리어 paññā를 소리 나는 대로 적은 것이다.

완전한 지혜로 이끌어가기 위해
고통의 이 언덕에서 고통이 사라진 저 언덕으로
나아가는 핵심 경전

경전을 열며 부르는 노래 [개경게 開經偈]

無 上 甚 深 微 妙 法
무 상 심 심 미 묘 법

최상의 깊고 미묘한 불법은

百 千 萬 劫 難 遭 遇
백 천 만 겁 난 조 우

오랜 시간 동안이라도 만나기 어려운데

我 今 聞 見 得 受 持
아 금 문 견 득 수 지

내가 지금 듣고 보고 얻어 받아 가지니

願 解 如 來 眞 實 意
원 해 여 래 진 실 의

원하건대 부처님의 참된 뜻을 깨닫게 해주십시오.

❂ 無上甚深微妙法
무상심심미묘법

無 무	없을 무
上 상	위 상
甚 심	심할 심
深 심	깊을 심
甚深 심심	매우 깊음
微 미	미묘할 미
妙 묘	오묘할 묘
微妙 미묘	이치가 매우 깊고 그윽하여 알기 어려움
法 법	불법 법

❂ 百千萬劫難遭遇
백천만겁난조우

百 백	일백 백
千 천	일천 천
萬 만	일만 만
劫 겁	오랜 세월 겁
百千萬劫 백천만겁	영구한 세월
難 난	어려울 난
遭 조	만날 조
遇 우	만날 우
遭遇 조우	우연히 서로 만남

❂ 我今聞見得受持
아금문견득수지

我 아	나 아
今 금	지금 금
聞 문	들을 문
見 견	볼 견
得 득	얻을 득
受 수	받을 수
持 지	가질 지

❈ 願解如來眞實意
   원해여래진실의

願원	원하건대 ~해주시오 원
解해	깨달을 해
如여	실상 여
來래	올 래
如來여래	진여를 갖고 이렇게 온 사람, 즉 부처 = 佛
眞진	참 진
實실	참됨 실
眞實진실	거짓이 없고 참됨
意의	뜻 의

한역본 원문

摩訶般若波羅蜜多心經[*]
마하반야바라밀다심경

觀自在菩薩 行深般若波羅蜜多時 照見
관자재보살 행심반야바라밀다시 조견

五蘊皆空 度一切苦厄 舍利子 色不異空
오온개공 도일체고액 사리자 색불이공

空不異色 色卽是空 空卽是色 受想行識
공불이색 색즉시공 공즉시색 수상행식

[*] 이 버전은 당나라 현장이 번역한 것으로 현재 세간과 출세간에서 널리 애송하는 것이다. 원래 이 버전에서는 경전의 이름이 『반야바라밀다심경般若波羅蜜多心經』으로 맨 앞에 〈마하〉라는 두 글자가 빠져 있다.

亦復如是　舍利子　是諸法空相　不生不滅
역부여시　사리자　시제법공상　불생불멸

不垢不淨　不增不減　是故　空中無色　無
불구부정　부증불감　시고　공중무색　무

受想行識　無眼耳鼻舌身意　無色聲香味
수상행식　무안이비설신의　무색성향미

觸法　無眼界　乃至　無意識界　無無明　亦
촉법　무안계　내지　무의식계　무무명　역

無無明盡　乃至　無老死　亦無老死盡　無
무무명진　내지　무노사　역무노사진　무

苦集滅道　無智亦無得　以無所得故　菩提
고 집 멸 도　무 지 역 무 득　이 무 소 득 고　보 리

薩埵　依般若波羅蜜多　故心無罣礙　無罣
살 타　의 반 야 바 라 밀 다　고 심 무 괘 애　므 괘

礙故　無有恐怖　遠離顚倒夢想　究竟涅槃
애 고　무 유 공 포　원 리 전 도 몽 상　구 경 열 반

三世諸佛　依般若波羅蜜多　故得阿耨多
삼 세 제 불　의 반 야 바 라 밀 다　고 득 아 녹 다

羅三藐三菩提　故知　般若波羅蜜多　是大
라 삼 먁 삼 보 리　고 지　반 야 바 라 밀 다　시 대

神呪　是大明呪　是無上呪　是無等等呪
신주　시대명주　시무상주　시무등등주

能除一切苦　眞實不虛　故說般若波羅蜜
능제일체고　진실불허　고설반야바라밀

多呪　卽說呪曰　揭諦揭諦　波羅揭諦　波
다주　즉설주왈　아제아제　바라아제　바

羅僧揭諦　菩提娑婆訶
라승아제　모지사바하

제1부

『반야심경』 강독

摩訶般若波羅蜜多心經
마 하 반 야 바 라 밀 다 심 경

1. 도입

觀自在菩薩　行深般若波羅蜜多時　照見五蘊皆空　度一切苦厄
관자재보살　행심반야바라밀다시　조견오온개공　도일체고액

2. 전개

舍利子　色不異空　空不異色　色卽是空　空卽是色　受想行識
사리자　색불이공　공불이색　색즉시공　공즉시색　수상행식

亦復如是　舍利子　是諸法空相　不生不滅　不垢不淨　不增不減
역부여시　사리자　시제법공상　불생불멸　불구부정　부증불감

是故　空中無色　無受想行識　無眼耳鼻舌身意　無色聲香味觸
시고　공중무색　무수상행식　무안이비설신의　무색성향미촉

法　無眼界　乃至　無意識界　無無明　亦無無明盡　乃至　無老死
법　무안계　내지　무의식계　무무명　역무무명진　내지　무노사

亦無老死盡　無苦集滅道　無智亦無得　以無所得故　菩提薩埵
역무노사진　무고집멸도　무지역무득　이무소득고　보리살타

依般若波羅蜜多　故心無罣礙　無罣礙故　無有恐怖　遠離顚倒
의반야바라밀다　고심무괘애　무괘애고　무유공포　원리전도

夢想　究竟涅槃　三世諸佛　依般若波羅蜜多故　得阿耨多羅三
몽상　구경열반　삼세제불　의반야바라밀다고　득아뇩다라삼

藐三菩提
먁삼보리

3. 정리

故知　般若波羅蜜多　是大神呪　是大明呪　是無上呪
고지　반야바라밀다　시대신주　시대명주　시무상주

是無等等呪　能除一切苦　眞實不虛　故說般若波羅蜜多呪
시무등등주　능제일체고　진실불허　고설반야바라밀다주

卽說呪曰　揭諦揭諦　波羅揭諦　波羅僧揭諦　菩提娑婆訶
즉설주왈　아제아제　바라아제　바라승아제　모지사바하

1. 도입

觀	自	在	菩	薩	行	深	般	若	波	羅	蜜	多	時
관	자	재	보	살	행	심	반	야	바	라	밀	다	시

照	見	五	蘊	皆	空	度	一	切	苦	厄			
조	견	오	온	개	공	도	일	체	고	액			

관자재보살이 깊은 반야바라밀다를 행할 때 오온이 모두 공하다는 것을 비추어 보고 모든 고통과 괴로움을 건넜다.

觀自在菩薩
관자재보살

觀自在菩薩관자재보살: 여러 보살 중에 한명이다. 다른 말로 관세음보살이라 한다. 이때 관자재란 어떤 걸림도 없이 세상을 꿰뚫어본다는 뜻이다. 또한 보살이란 경지로 보면 부처에 버금가는 수준의 수행자로서 위로-끊임없이-깨달음을-추구하며[상구보리 上求菩提 — 자리행自利行], 아래로-끊임없이-미혹한-사람들을-깨달음의-세계로-안내하는[하화중생下化衆生 — 이타행利他行] 사람이다. 상구보리하고 하화중생하며 진리의 길을 걸어가는 사람, 즉 구도자가 이른바 보살이다.

觀관	볼 관
自자	스스로 자
在재	자유롭게 할 재
自在자재	속박이나 장애가 없는 상태
菩薩보살	보리살타의 준말 ☞ 72쪽

觀自在菩薩관자재보살 = Avalokiteśvara

行深般若波羅蜜多時
행심반야바라밀다-시

行행*	행할 행	*여기서 '행'은 수행修行한다는 뜻이다.
深심	깊을 심	
般반	반을 음차해온 반	
若야	야를 음차해온 야	
般若반야**	불교의 지혜로 팔리어인 paññā의 음역音譯 paññā: 반야般若 = 지혜	**이때 반야는 공에 대한 통찰이자 오온·십이처·십팔계에 대한 정확한 이해를 말한다. ☞ 50쪽, 56쪽
波바	바를 음차해온 바	
羅라	라를 음차해온 라	
蜜밀	밀을 음차해온 밀	

多다	다를 음차해온 다
波羅蜜多 바라밀다	산스크리트어 pāramitā의 음역 pāramitā: 이 언덕[此岸*]에서 저 언덕[彼岸**]으로 건너감 = 바라밀다波羅蜜多
般若波羅蜜多 반야바라밀다	두가지 뜻이 있다. ① 과정을 강조할 때 지혜를 가지고 피안으로 건너가는 것, ② 결과를 강조할 때 지혜의 완성
時시	때 시

*차안此岸: 마음에 고통과 괴로움이 있는 세계 = 사바娑婆

**피안彼岸: 마음에 고통과 괴로움이 끊어진 세계 = param
☞ 니르바나[涅槃] 77쪽

照見五蘊皆空
조견오온개공

照조	비출 조
見견	볼 견
照見조견	비추어 보다. 이때 조견은 본질까지 꿰뚫어본다는 뜻이다.
五오	다섯 오
蘊온***	쌓을 온
五蘊오온	다섯가지[五]로 이루어진 더미[蘊]로 다섯가지가 화합하여 모인 것 五蘊오온[다섯가지 더미들] = 색온 + 수온 + 상온 + 행온 + 식온 우리가 허망한 생각으로 나라고 집착하고 있는 다섯가지 망상이 오온이다! ☞ 50쪽

***이때 '온'은 무더기, 덩어리라는 뜻이다.

인간은 몸과 마음으로 되어 있다. 그 가운데 우리 몸은 색이 되고, 우리 마음은 수·상·행·식이 된다.

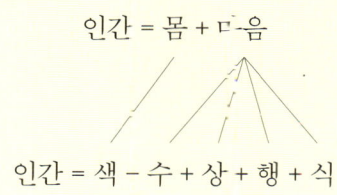

皆 개	모두 개
空 공	불변의 실체 없을 공

공空 = 고정-불변하는-실체[自-性]가-없음[emptiness]

度一切苦厄
도 일 체 고 액

度 도	건널 도
一 일	모두 일
切 체	모두 체
一切 일체	모든
苦 고	고통 받을 고
厄 액	재앙 액
苦厄 고액	고통과 괴로움

인간은 무엇으로 구성되어 있습니까?

우리 몸은 색色이다.
우리 마음은 수受·상想·행行·식識으로 구성되어 있다.
이것들이 화합하여 우리 마음을 만들고,
인연 따라 마음이 생멸을 거듭한다!

A: 인간은 몸과 마음으로 구성되어 있습니다.
* 몸 = 색色
* 마음 = 수受·상想·행行·식識

※ 이때 색은 수·상·행·식의 집이 되기도 한다.

2. 전개

舍	利	子		色	不	異	空		空	不	異	色	
사	리	자		색	불	이	공		공	불	이	색	
色	卽	是	空		空	卽	是	色		受	想	行	識
색	즉	시	공		공	즉	시	색		수	상	행	식
亦	復	如	是										
역	부	여	시										

사	리	자	여	!		색	은		공	과		다	르	지		않	고		공
은		색	과		다	르	지		않	으	니		색	은		곧		공	이
요		공	은		곧		색	이	니		수	·	상	·	행	·	식	도	
또	한		이	와		같	다	.											

舍 利 子
사 리 자

舍사   사를 음차해온 사
利리   리를 음차해온 리
子자   아들 자
舍利子사리자   부처 십대제자 중에서 지혜제일의 제자 이름

사리자舍利子는 산스크리트어 Śāriputra로 사리舍利는 Śāri를 음역한 것이고, putra는 자식이라는 뜻인데 이를 자子로 의역한 것이다.

> Śāri[음역한 부분] + putra[의역한 부분]
> ↓
> 舍利사리 + 子자

이때 '사리'는 사리자의 어머니의 이름이고 '자'는 자식이라는 뜻이다. 그래서 '사리자'는 '사리라는 여인의 아들'이라는 뜻이다. 이 아이가 커서 출가해 사리자가 사리불舍利佛이 되었다.

色不異空
색불이공

色색*	몸 색
不불	않을 불
異이	다를 이
空공	불변의 실체 없을 공

*이때 색은 우리 마음이 거주하는 존재의 집과 같다.

이를 의역하면 다음과 같다.
[우리] 몸은 불변의 실체 없음과 다르지 않다.

空不異色
공불이색

空공	불변의 실체 없을 공
不불	않을 불
異이	다를 이
色색	몸 색

이를 의역하면 다음과 같다.
불변의 실체 없음은 [우리] 몸과 다르지 않다.
불이不異는 다르지 않다는 뜻인데, 이것은 결국 같다는 뜻이다!

다르지 않다 = 같다

제1부 『반야심경』 강독

色卽是空
색 즉 시 공

色색	몸 색
卽즉	곧 즉
是시	~이다 시
卽是 즉시	곧 ~이다
空공	불변의 실체 없을 공

이를 의역하면 다음과 같다.
[우리] 몸은 곧 불변의 실체 없음이다.

空卽是色
공 즉 시 색

空공	불변의 실체 없을 공
卽즉	곧 즉
是시	~이다 시
卽是 즉시	곧 ~이다
色색	몸 색

이를 의역하면 다음과 같다.
불변의 실체 없음은 곧 [우리] 몸이다.

<色不異空 ǀ 空不異色 ǀ 色卽是空 ǀ 空卽是色>
색불이공 공불이색 색즉시공 공즉시색

톺아보기

전제

<**色性是空**색성시공 **空性是色**공성시색*> → <색성 = 공, 공성 = 색>

*색의 특성은 공이고, 공의 특성은 색이다.

전개

色不異空색불이공 **空不異色**공불이색 → <색 = 공, 공 = 색>

결론

色卽是空색즉시공 **空卽是色**공즉시색 → <색 = 공, 공 = 색>

☞ 이때 **不異**불이와 **卽是**즉시는 같은 것의 다른 표현! **不異**불이 = **卽是**즉시

☞ 산스크리트 원문에는 전제 내용이 들어 있는데, 현장의 번역본에는 위 내용이 빠져 있다.

이런 논의 구조는 다음과 같은 것이다.

전제

서울은 한국의 수도이다. → A는 3이다.

전개

한국의 수도는 서울이다. → B는 A이다.

결론

서울 = 한국의 수도 → 그러므로 A = B

受想行識
수 상 행 식

受수   받아들일 수
想상   생각할 상
行행   행할 행
識식   인식할 식

亦復如是
역 부 여 시

亦역   또 역
復부   다시 부
亦復역부   또한
如여   같을 여
是시   이 시

'受想行識수상행식 亦復如是역부여시'의 숨은 텍스트

色不異空색불이공 空不異色공불이색 色卽是空색즉시공 空卽是色공즉시색
↓
◯不異空불이공 空不異◯공불이◯ ◯卽是空즉시공 空卽是◯공즉시◯

이때 ◯에 각각 受·想·行·識를 대입하면 다음과 같다.

① 受의 대입

◯不異空 空不異◯ ◯卽是空 空卽是◯
↓
受不異空 空不異受 受卽是空 空卽是受

☞ 受不異空수불이공 空不異受공불이수 受卽是空수즉시공 空卽是受공즉시수
수는 공과 다르지 않고 공은 수와 다르지 않으니 수는 곧 공이요 공은 곧 수이다.

② 想의 대입

◯不異空 空不異◯ ◯卽是空 空卽是◯
↓
想不異空 空不異想 想卽是空 空卽是想

☞ 想不異空상불이공 空不異想공불이상 想卽是空상즉시공 空卽是想공즉시상

상은 공과 다르지 않고 공은 상과 다르지 않으니 상은 곧 공이요 공은 곧 상이다.

③ 行의 대입

○不異空　空不異○　○卽是空　空卽是○
↓
行不異空　空不異行　行卽是空　空卽是行

☞ 行不異空행불이공 空不異行공불이행 行卽是空행즉시공 空卽是行공즉시행

행은 공과 다르지 않고 공은 행과 다르지 않으니 행은 곧 공이요 공은 곧 행이다.

④ 識의 대입

○不異空　空不異○　○卽是空　空卽是○
↓
識不異空　空不異識　識卽是空　空卽是識

☞ 識不異空식불이공 空不異識공불이식 識卽是空식즉시공 空卽是識공즉시식

식은 공과 다르지 않고 공은 식과 다르지 않으니 식은 곧 공이요 공은 곧 식이다.

수受·상想·행行·식識의 정의

우리 마음은 구체적으로 무엇으로 구성되어 있는가? 우리 마음은 수受·상想·행行·식識으로 구성되어 있다. 그렇다면 수受·상想·행行·식識이란 무엇인가?

수受는 외부 자극에 대한 심리적 반응이나 정서를 말한다. 이런 점 때문에 이것을 감수感受로 볼 수 있다.

상想은 마음속에서 일어나는 심리적 작용을 말한다. 이런 점 때문에 이것을 지각知覺으로 볼 수 있다.

행行은 마음에서 일어나는 심리적 욕구를 말한다. 이런 점 때문에 이것을 욕동欲動으로 볼 수 있다.

식識은 마음이 만들어내는 분별 작용을 말한다. 이런 점 때문에 이것을 인식認識으로 볼 수 있다.

그런데 우리 마음이 만들어내는 이러한 수受·상想·행行·식識은 그때그때 마다 우리 마음이 유위로 만들어낸 어떤 것이지 불변의 자성自性이 있는 것은 아니다. 그러므로 수受·상想·행行·식識은 모두 고정 불변의 실체가 없는 공호인 것이다. 하지만 우리 마음의 이러한 성질을 제대로 알지 못하면 우리가 수受·상想·행行·식識에 집착하게 되어 그 순간 여기서 고통을 잉태한다.

舍	利	子		是	諸	法	空	相		不	生	不	滅
사	리	자		시	제	법	공	상		불	생	불	멸
不	垢	不	淨		不	增	不	減					
불	구	부	정		부	증	불	감					

사	리	자	여	!		이	러	한		모	든		존	재	의		공	한
모	습	은		생	기	지	도		않	고		없	어	지	지	도		않	으
며	,		더	러	워	지	지	도		않	고		깨	끗	해	지	지	도	
않	으	며	,		늘	어	나	지	도		않	고		줄	어	들	지	도	
않	는	다	.																

舍사　　　　사를 음차해온 사

利리　　　　리를 음차해온 리

子자　　　　아들 자

舍利子 사리자　　부처 십대제자 중에서 지혜제일의 제자 이름 ☞ 34쪽

是諸法空相
시 제 법 공 상

是시	이 시
諸제	모든 제
法법*	존재 법
空공	불변의 실체 없을 공
相상	모습 상

*이때 法법은 법률로서의 법이 아니라 이 세상에 존재하는 모든 物물과 그 물의 현상을 뜻한다.

不生不滅
불 생 불 멸

不불	않을 불
生생	날 생
不불	않을 불
滅멸	없어질 멸
	生생 ↔ 滅멸
	↔는 서로 반대된다는 뜻이다.

不垢不淨
불구부정

不불	않을 불
垢구	더럽혀질 구
不부	않을 부
淨정	깨끗할 정
	垢구 ↔ 淨정

不增不減
부증불감

不부	않을 부
增증	늘어날 증
不불	않을 불
減감	줄 감
	增증 ↔ 減감

이 세상의 모든-존재와-그-존재의-현상[諸-法]이 고정-불변하는-실체가-없는-것[空]이다. 이러한 모습은 절대 진리이다. 그러므로 이러한 진리는 생멸生滅도 없고 구정垢淨도 없으며 증감增減도 없다! 이것만이 변하지 않는 진리이다.

是	故		空	中	無	色		無	受	想	行	識	
시	고		공	중	무	색		무	수	상	행	식	

이		때	문	에		공		안	에	서	는		색	은		없	고		수
·	상	·	행	·	식	도		없	다	.									

是 故
시 고

是시   이 시
故고   까닭 고
是故시고   이 때문에

空 中 無 色
공 중 무 색

空공   불변의 실체 없을 공
中중   안 중
無무   없을 무
色색   몸 색

無受想行識
무 수 상 행 식

無무 없을 무
受수 받아들일 수
想상 생각할 상
行행 행할 행
識식 인식할 식

<空中無色 | 無受想行識>
공중무색 무수상행식

톺아보기

오온이 모두 공하니까 공의 입장에서 보면 공 안에서는 오온이 있을 수 없다.

空中無色공중무색 無受想行識무수상행식!

이를 풀어 쓰면 다음과 같다.

공중무색空中無色, 공중무수空中無受, 공중무상空中無想, 공중무행空中無行, 공중무식空中無識
공 안에서는 색은 없고, 공 안에서는 수도 없고, 공 안에서는 상도 없으며, 공 안에서는 행도 없으며, 공 안에서는 식도 없다.

여기서 오온에 각각 번호를 부여해보자. 그러면 이렇게 된다.

空中無❶色, 空中無❷受, 空中無❸想, 空中無❹行, 空中無❺識

오온 = ❶ + ❷ + ❸ + ❹ + ❺

그런데 ❶은 몸이고, <❷ + ❸ + ❹ + ❺>는 마음으로 같은 범주가 된다. 그렇기 때문에 <空中無❷受, 空中無❸想, 空中無❹行, 空中無❺識>에서 空中無 다음에 <❷ + ❸ + ❹ + ❺>가 바로 와도 상관없다. 이렇게 말이다. 空中無❷受 + ❸想 + ❹行 + ❺識. 여기서 空中을 생략하면 최종적으로 無受想行識무수상행식만 남는다.

※ 무無 해석 팁

기존 번역 방식
無무~: ① ~이 없다

이때 <무無~>를 <① ~이 없다>고 번역하면 오해의 소지가 남을 수 있다! 왜냐하면 색·수·상·행·식이 없어지는 것이 아니라 인간이 살아 있는 한 색·수·상·행·식은 우리와 언제나 함께 존재하기 때문이다. 다만 우리가 색·수·상·행·식을 통해서 획득한 모든 것은 공의 입장에서 보면 진리가 아니라는 것이다. 왜냐하면 공의 관점에서 보면 색·수·상·행·식으로 포착한 모든 세계는 허상이기 때문이다. 그래서 <무無~>를 <① ~이 없다>라고도 번역할 수도 있고, <② 결코 ~이 아니다>라고도 번역할 수 있다.

또 다른 번역 방식
無무~: ② 결코 ~이 아니다 = No

이렇듯 무無는 무無~와 같이 무無 다음에 나오는 ~의 세계를 뛰어넘어야 보이는 그런 초월의 경지이다. <① ~이 없다>로 번역하면 다음과 같다.

공중무색空中無色, 공중무수空中無受, 공중무상空中無想, 공중무행空中無行, 공중무식空中無識
↓
공 안에서는 색은 **없고**, 공 안에서는 수도 **없고**, 공 안에서는 상도 **없고**, 공 안에서는 행도 **없으며**, 공 안에서는 식도 **없다**.

이것을 <② 결코 ~이 아니다 = No>의 방식으로 번역하면 다음과 같다.

공중무색空中無色, 공중무수空中無受, 공중무상空中無想, 공중무행空中無行, 공중무식空中無識
↓
공 안에서는 **결코** 색은 **아니고**, 공 안에서는 **결코** 수도 **아니고**, 공 안에서는 **결코** 상도 **아니고**, 공 안에서는 **결코** 행도 **아니며**, 공 안에서는 **결코** 식도 **아니다**.

無!
부정을 통해
초월을 말해주는
가늠자!

無	眼	耳	鼻	舌	身	意	無	色	聲	香	味	觸	法
무	안	이	비	설	신	의	무	색	성	향	미	촉	법

안	·	이	·	비	·	설	·	신	·	의	도	없고	색	·	성	·
향	·	미	·	촉	·	법	도	없다	.							

원래 맥락을 살려 〈無眼耳鼻舌身意무안이비설신의 無色聲香味觸法무색성향미촉법〉을 다음과 같이 풀어쓸 수 있다.

空中 ❶無眼❷無耳❸無鼻❹無舌❺無身❻無意 空中 ❶無色❷無聲❸無香❹無味❺無觸❻無法
그런데 〈❶無眼❷無耳❸無鼻❹無舌❺無身❻無意〉는 같은 범주의 것들이니까 무를 앞으로 뺄 수 있다. 또한 〈❶無色❷無聲❸無香❹無味❺無觸❻無法〉도 같은 범주의 것들이니까 무無를 앞으로 뺄 수 있다. 이렇게 해서 나온 것이 아래와 같다.

空中 無{❶眼❷耳❸鼻❹舌❺身❻意} 空中 無{❶色❷聲❸香❹味❺觸❻法}

이것을 다시 번역하면 이렇게 된다.

공 안에서는 〈❶眼❷耳❸鼻❹舌❺身❻意〉도 없으며
공 안에서는 〈❶色❷聲❸香❹味❺觸❻法〉도 없다.

空中 無{❶眼❷耳❸鼻❹舌❺身❻意} 空中 無{❶色❷聲❸香❹味❺觸❻法}
↓
無眼耳鼻舌身意무안이비설신의 **無**色聲香味觸法무색성향미촉법

無眼耳鼻舌身意
무안이비설신의

無무   없을 무
眼안   눈 안
耳이   귀 이
鼻비   코 비
舌설   혀 설
身신   몸 신
意의*   생각할 의

*이때 의意는 마음 또는 그 마음의 작용을 뜻한다.

안眼·이耳·비鼻·설舌·신身은 오온 중에서 색온에 속한다.
색온 = 안眼·이耳·비鼻·설舌·신身
의意는 오온 중에서 수受·상想·행行·식識에 속한다.
의意 = 수受·상想·행行·식識

항목	몸	마음
오온	색	수·상·행·식
육근	안·이·비·설·신	의
육경	색·성·향·미·촉	법

안眼·이耳·비鼻·설舌·신身은 우리 몸에 있는 신체기관으로 눈·귀·코·혀·몸이다. 그리고 의意는 영어로 바꾸면 마인드가 된다.

안眼·이耳·비鼻·설舌·신身·의意, 이것들을 합쳐서 육근六根이라 부른다. 이를 풀어서 쓰면 다음과 같다.

육근六根 = ①안眼 + ②이耳 + ③비鼻 + ④설舌 + ⑤신身 + ⑥의意

공의 본질을 깨달은 사람은 육근六根이 청정하다. 그러나 그렇지 못한 사람들은 육근六根이 오염되어 있다. 이런 점 때문에 불교 수행의 핵심은 육근六根*의 청정화에 있다.

*미혹한 이들에게 육근이 번뇌의 생산기지 역할을 한다.

無色聲香味觸法
무색성향미촉법

無무	없을 무
色색	빛 색
聲성	소리 성
香향	향기 향
味미	맛 미
觸촉**	닿을 촉
法법***	마음의 대상 법

**촉觸은 마음이 외물에 닿아서 일어나는 심리 작용을 뜻한다.
***이때 법法은 마음의 대상을 뜻한다.

위의 육근이 외부 자극과 만나서 색色·성聲·향香·미味·촉觸·법法이 생긴다. 이것을 육경六境이라 부른다.
이를 풀어쓰면 다음과 같다.

육경六境 =
①색色 + ②성聲 + ③향香 + ④미味 + ⑤촉觸 + ⑥법法

제1부 『반야심경』 강독

※ 육근六根과 육경六境의 조합

육근六根 = <①안眼 + ②이耳 + ③비鼻 + ④설舌 + ⑤신身 + ⑥의意>

　　　　　　　　　　　　+

육경六境 = <①색色 + ②성聲 + ③향香 + ④미味 + ⑤촉觸 + ⑥법法>

✔ 육근六根과 육경六境의 교응

① 안眼 ·········· ① 색色
② 이耳 ·········· ② 성聲
③ 비鼻 ·········· ③ 향香
④ 설舌 ·········· ④ 미味
⑤ 신身 ·········· ⑤ 촉觸
⑥ 의意 ·········· ⑥ 법法

우리 몸과 마음이

눈[目]으로 세계[色]를 보고,

귀[耳]로 소리[聲]를 듣고,

코[鼻]로 냄새[香]를 맡고,

혀[舌]로 맛[味]을 보며,

몸[身]으로 감촉하며[觸],

마음[意]으로 대상[法]을 만든다.

특히 <⑥ 意의>가 만드는 <⑥ 法법>은 외부 자극 없이도 작용하는 시스템이고, <⑥ 意>와 <⑥ 法>은 <① 眼 + ② 耳 + ③ 鼻 + ④ 舌 + ⑤ 身>과 <① 色 + ② 聲 + ③ 香 + ④ 味 + ⑤ 觸>을 모두 지휘하는 기능을 수행한다.

> 일체가 오온이고
> 오온이 십이처다!
> 우리 마음이
> 이 안에서 논다.

無	眼	界		乃	至		無	意	識	界		
무	안	계		내	지		무	의	식	계		

| 안 | 계 | 도 | | 없 | 고 | | 또 | 는 | | 의 | 식 | 계 | 도 | | 없 | 다 | . | | |

無무　　없을 무
眼안　　눈 안
界계　　지경 계
眼界안계　첫번째 육근을 말한다. ☞ 56쪽

乃내　　이에 내
至지　　이를 지
□乃至○　□에서 ○까지, □~○

無意識界
무의식계

無무 　　　없을 무
意의 　　　생각할 의
識식 　　　인식할 식
界계 　　　지경 계
意識界의식계 　육식 중에서 마지막번째를 말한다. ☞ 56쪽

Q&A

※ 다음 물음에 답해 보시오.

1. 육근이란 무엇인가? ( )
2. 육경이란 무엇인가? ( )
3. 육식이란 무엇인가? ( )

Ⓐ 육근이 그 대상인 육경을 만나 분별하여 지각하는 것으로 그것들에는 안식·이식·비식·설식·신식·의식이 있다.

Ⓑ 인간의 인식 기관인 육근의 경계이자 대상으로 그것들에는 색·성·향·미·촉·법이 있다.

Ⓒ 사람에게 미혹을 생기게 하는 여섯가지 인식기관으로 그것들에는 안·이·비·설·신·의가 있다.

※ 다음 물음에 답해 보시오.

4. 십이처란 무엇인가? ( )
5. 십팔계란 무엇인가? ( )

Ⓐ 육근의 여섯가지와 육경의 여섯가지를 합친 열두가지를 말한다.

Ⓑ 육근의 여섯가지와 육경의 여섯가지 그리고 육식의 여섯가지 모두를 합친 것을 말한다.

정답: 1.(Ⓒ), 2.(Ⓑ), 3.(Ⓐ), 4.(Ⓐ), 5.(Ⓑ)

> 육근 = 안 + 이 + 비 + 설 + 신 + 의
> 육경 = 색 + 성 + 향 + 미 + 촉 + 법
> 육식 = 안식 + 이식 + 비식 + 설식 + 신식 + 의식
>
> 십이처 = 육근 + 육경
> 십팔계 = 육근 + 육경 + 육식

우리 마음이 세계를 구성하는 시스템

이를 불교에서는 십팔계라 부른다. 이때 계界란 범주 또는 영역이라는 뜻이다. 십팔계*는 다음과 같이 세 범주 열여덟 영역으로 구성된다.

*우리 마음이 살아가는 동네

십팔계의 범주

육근	육경	육식
① 안계	⑦ 색계	⑬ 안식계
② 이계	⑧ 성계	⑭ 이식계
③ 비계	⑨ 향계	⑮ 비식계
④ 설계	⑩ 미계	⑯ 설식계
⑤ 신계	⑪ 촉계	⑰ 신식계
⑥ 의계	⑫ 법계	⑱ 의식계

우리 몸과 마음이
눈[目]으로 세계[色]를 보고,　　　→ 안식
귀[耳]로 소리[聲]를 듣고,　　　→ 이식
코[鼻]로 냄새[香]를 맡고,　　　→ 비식
혀[舌]로 맛[味]을 보며,　　　→ 설식

몸[身]으로 감촉하며[觸],　　　→ 신식
마음[意]으로 대상[法]을 만든다.　→ 의식

십팔계를 만드는 방법은 육근과 육경 그리고 육식의 각각에 접미사 -계를 붙이는 것이다. 예를 들어, 육근이라면 안·이·비·설·신·의에 각각 접미사 -계를 붙여 안계·이계·비계·설계·신계·의계와 같이 말이다. 이와 같이 육경과 육식에다 동일하게 접미사 -계를 붙이면 십팔계를 만들 수 있다.

<無眼界무안계 乃至내지 無意識界무의식계>의 생략하기 이건 원래 맥락을 추적해보면 그것은 다음과 같다.

육근	육경	육식
① 무안계	⑦ 무색계	⑬ 무안식계
② 무이계	⑧ 무성계	⑭ 무이식계
③ 무비계	⑨ 무향계	⑮ 무비식계
④ 무설계	⑩ 무미계	⑯ 무설식계
⑤ 무신계	⑪ 무촉계	⑰ 무신식계
⑥ 무의계	⑫ 무법계	⑱ 무의식계

이때 <내지>는 <① 무안계>에서 <⑱ 무의식계>까지를 말한다. 다시 말해 그것은 <① ~ ⑱>인 것이다.

<無眼界무안계 乃至내지 無意識界무의식계>
↓
<空中공중 無眼界무안계 乃至내지 空中공중 無意識界무의식계>

<공 안에서는 안계眼界도 없는 것>에서 <공 안에서는 의식계意識界도 없는 것>까지이다.

無	無	明		亦	無	無	明	盡		乃	至		無	老
무	무	명		역	무	무	명	진		내	지		무	노
死		亦	無	老	死	盡								
사		역	무	노	사	진								

무	명	도		없	고		또	한		무	명	이		다	했	다	는		것
도		없	으	며		그	리	고		노	사	도		없	고		또	한	
노	사	가		다	했	다	는		것	도		없	다 .						

無무   없을 무
無무   없을 무
明명   밝을 명
無明무명*   십이연기 중에서 첫번째에 해당하는 것 ☞ 61쪽   *이것의 반대는 반야이다.
☞ 29쪽

亦無無明盡
역 무 무 명 진

亦역	또 역
無무	없을 무
無무	없을 무
明명	밝을 명
盡진	다할 진

乃至
내 지

乃내	이에 내
至지	이를 지
□ **乃至** ○*	□에서 ○까지, □~○

*61쪽의 ①~⑫, 즉 ①에서 ⑫까지의 십이연기를 말한다.

無老死
무 노 사

無무	없을 무
老로	늙을 로

제1부 『반야심경』 강독

死사 　　　죽을 사
老死노사 　　십이연기 중에서 마지막에 해당하는 것 ☞ 61쪽

亦無老死盡
역 무 노 사 진

亦역 　　　또 역
無무 　　　없을 무
老로 　　　늙을 로
死사 　　　죽을 사
盡진 　　　다할 진

십이연기*란 무엇인가?

마음의 열두가지 연쇄작용을 말하는 것으로 다음과 같이 나타낼 수 있다.

> **십이연기의 연쇄**
> ① 무명無明 → ② 행行 → ③ 식識 → ④ 명색名色 → ⑤ 육입六入 → ⑥ 촉觸 → ⑦ 수受 → ⑧ 애愛 → ⑨ 취取 → ⑩ 유有 → ⑪ 생生 → ⑫ 노사老死

*무명에서 비롯되는 우리 마음의 연쇄적 왜곡 현상

> ① → ② → ③ → ④ → ⋯ → ⑪ → ⑫
> ①에 의존하여 함께 ②가 나타난다 ②에 의존하여 함께 ③이 나타난다 ③에 의존하여 함께 ④가 나타난다⋯ ⑪에 의존하여 함께 ⑫가 나타난다
>
> 연기緣起란 무엇인가? 이것은 <의존하여-함께-나타난다>는 뜻이다.

십이연기: 우리 마음[心]이 무명의 오염으로 작동하는 열두가지 연쇄적 범주

① **무명無明**: 무지無智의 상태로 인간의 근원적 어리석음

② **행行**: 무지로 인한 행동이나 충동의 결합

③ **식識**: 인식작용 또는 분별작용

④ **명색名色**: 명은 분별로 만들어진 이름이고 색은 분별로 만들어낸 형태

⑤ **육입六入***: 여섯가지—눈[眼]·귀[耳]·코[鼻]·혀[舌]·몸[身]·의식[意]—감각기관이 만들어내는 작용

⑥ **촉觸**: 감각기관과 대상의 접촉

⑦ **수受**: 감각작용

⑧ **애愛**: 애증愛憎작용

⑨ **취取**: 애증에 따른 집착

⑩ **유有**: 애증이 만들어낸 존재

⑪ **생生****: 존재의 태어남

⑫ **노사老死*****: 존재의 쇠락과 오온의 증장

*이를 육입처라고도 한다.
**이때 생生은 생물학적 틀생을 말하지 않는다. 오로지 마음의 태어남을 말한다.
***이때 노사老死는 생물학적 늙음과 죽음을 말하지 않는다. 이것은 마음의 늙음과 죽음을 말한다. 미혹한 마음으로 살아감이 노이고, 그 마음이 오온의 성숙을 가져오는 자연적 산물이 사이다. 처음에는 작은 오온 덩어리가 나중에는 큰 오온 덩어리로 바뀌는 것이 사이다. 마치 작은 눈덩이를 굴리고 굴려서 눈덩어리가 되는 것 같이 말이다.

열두가지가 의존하여 함께 나타나다!

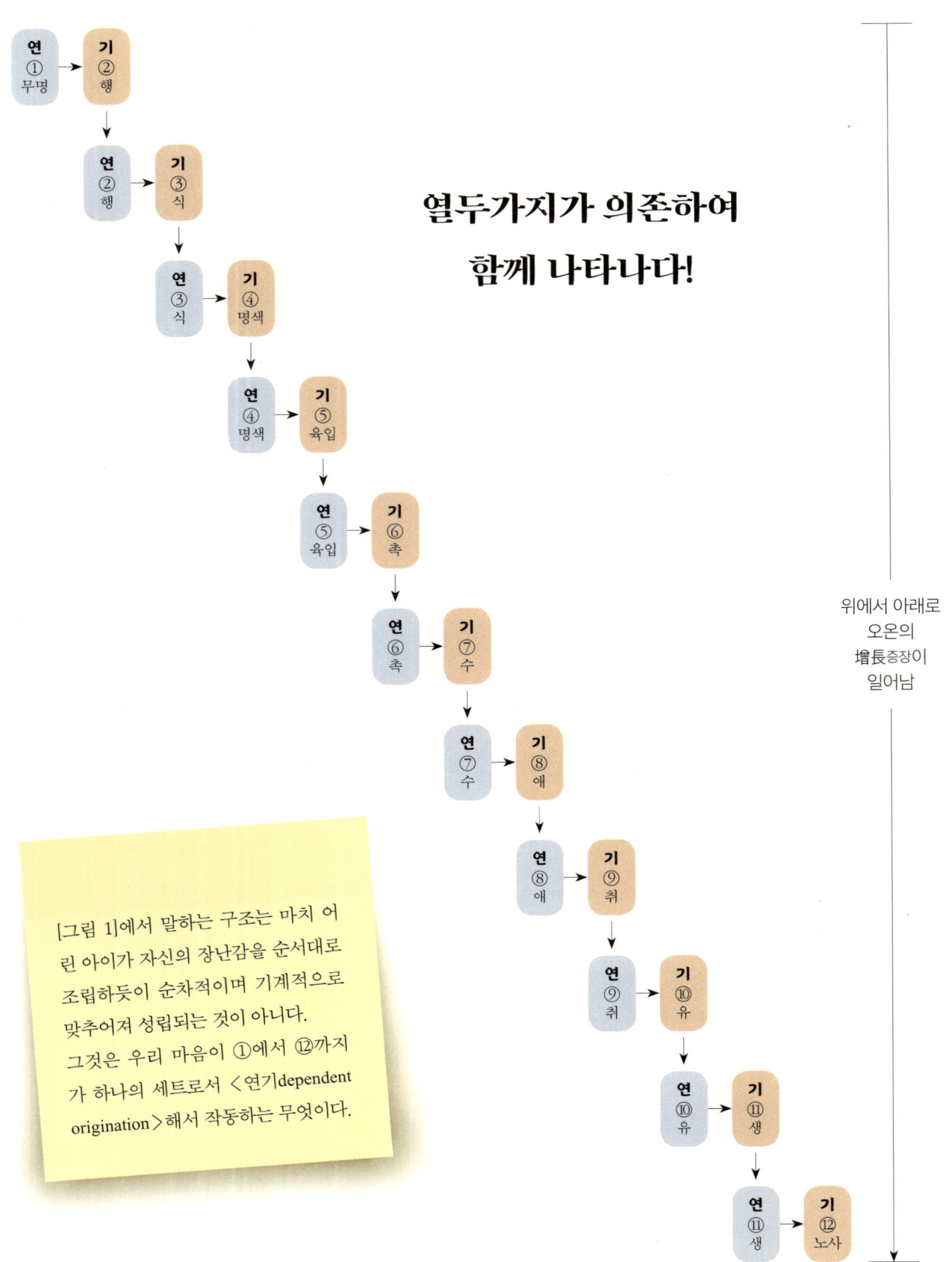

[그림 1]에서 말하는 구조는 마치 어린 아이가 자신의 장난감을 순서대로 조립하듯이 순차적이며 기계적으로 맞추어져 성립되는 것이 아니다. 그것은 우리 마음이 ①에서 ⑫까지가 하나의 세트로서 <연기dependent origination>해서 작동하는 무엇이다.

위에서 아래로 오온의 增長증장이 일어남

[그림 1] 십이연기의 연쇄구조

〈無無明무무명 亦無無明盡역무무명진 乃至내지 無老死무노사 亦無老死盡역무노사진〉에서 다시 생략된 내용을 찾아보자. 〈無無明무무명 亦無無明盡역무무명진 乃至내지 無老死무노사 亦無老死盡역무노사진〉의 앞에 공중空中이다. 이를 넣어서 다시 써보자. 그러면 다음과 같다.

〈공 안에서는 무명도 없고 또한 무명이 다 했다는 것도 없으며 그리고 노사도 없고 또한 노사가 다했다는 것도 없다〉, 즉 〈空中공중 無無明무무명 亦無無明盡역무무명진 乃至내지 無老死무노사 亦無老死盡역무노사진〉인데, 여기서 내지乃至는 십이연기 중에서 ① 무명無明에서 ⑫ 노사老死까지를 말한다. 다시 말해 〈① 무명無明 ~ ⑫ 노사老死〉가 내지乃至다. 〈無無明무무명 亦無無明盡역무무명진 乃至내지 無老死무노사 亦無老死盡역무노사진〉를 다시 모두 나열해보자.

① 無無明무무명 亦無無明盡역무무명진
② 無行무행 亦無行盡역무행진
③ 無識무식 亦無識盡역무식진
④ 無明色무명색 亦無名色盡역무명색진
⑤ 無六入무육입 亦無六入盡역무육입진
⑥ 無觸무촉 亦無觸盡역무촉진
⑦ 無受무수 亦無受盡역무수진
⑧ 無愛무수 亦無愛盡역무수진
⑨ 無取무취 亦無取盡역무취진
⑩ 無有무유 亦無有盡역무유진
⑪ 無生무생 亦無生盡역무생진
⑫ 無老死무노사 亦無老死盡역무노사진

☞ 이때 진盡은 멸滅로 없어진다는 뜻이다.

無苦集滅道
무 고 집 멸 도

고·집·멸·도가 없다.

無 무	없을 무
苦 고	괴로울 고
集 집	쌓일 집
滅 멸	없어질 멸
道 도*	방법 도
苦集滅道 고집멸도	불교에서 말하는 네가지 성스러운 진리, 즉 사성제 ☞ 66쪽

*이때 도는 방법으로 팔정도를 말한다.

〈無苦集滅道무고집멸도〉의 원래 맥락은 〈공 안에서는 고집멸도가 없다〉, 즉 〈空中공중 無苦無集無滅無道무고무집무멸무도〉이다. 그런데 苦集滅道고집멸도는 같은 범주로 묶을 수 있으므로 無{苦·集·滅·道}로 줄인 것이다.

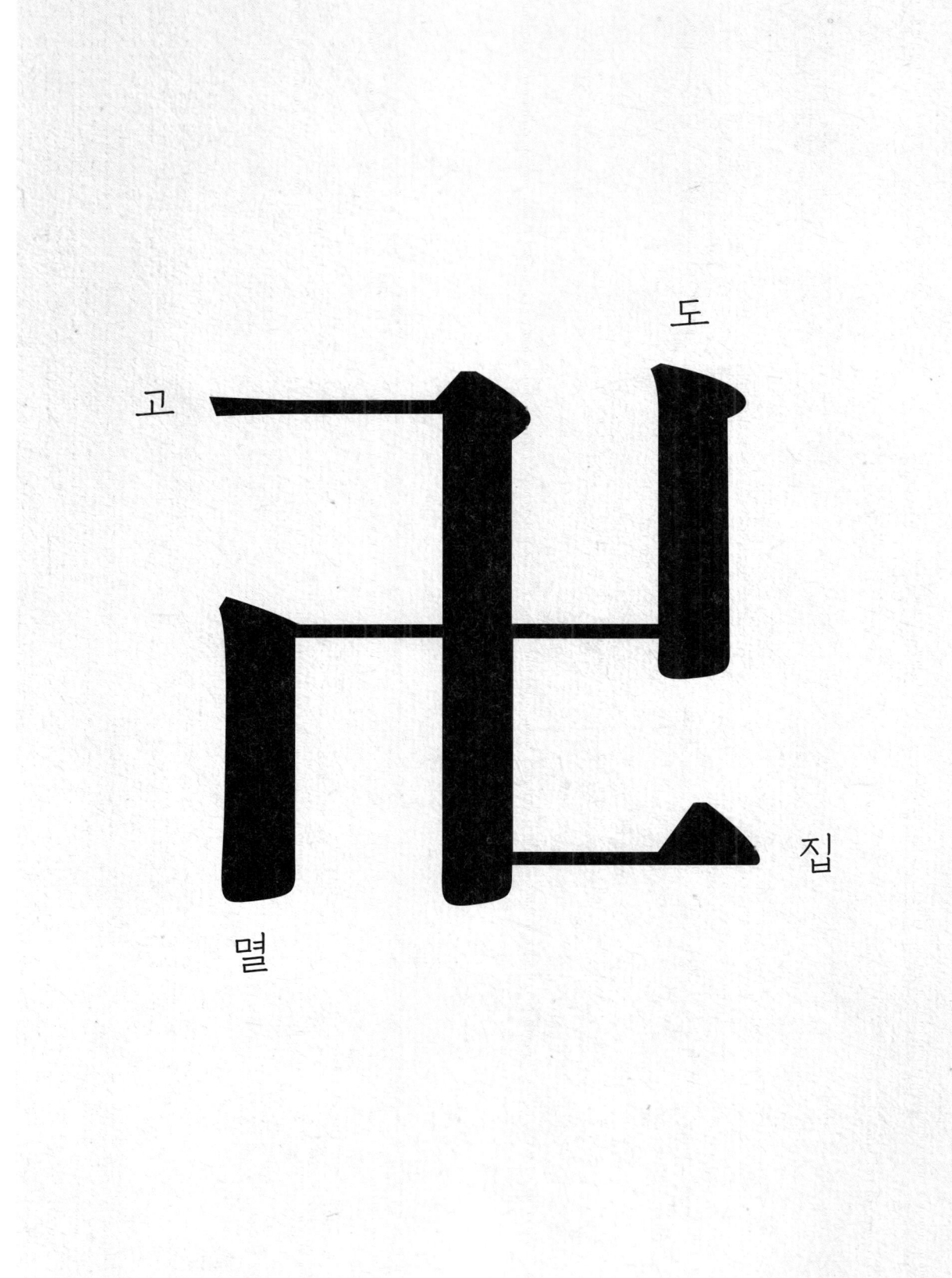

[그림 2] 사성제와 만자의 결합

四聖諦 사성제

❶ 苦聖諦 고성제

우리 삶이 괴로움이라는 성스러운 진리

苦고 — 고통이

↓

❷ 苦集聖諦 고집성제

괴로움의 원인은 욕망이 쌓인 것이라는 성스러운 진리

集집 — 집착으로 쌓일 때

↓

❸ 苦滅聖諦 고멸성제

욕망의 원인을 없애 괴로움도 사라지는 성스러운 진리

滅멸 — 없애는

↓

❹ 苦滅道聖諦 고멸도성제

괴로움의 원인인 욕망을 없애는 방법에 관한 성스러운 진리

道도 — 방법

사성제의 실제 응용

1. 어디가 고통스러운가? — 진찰 — ❶ 苦聖諦 고성제
2. 그 고통은 어떤 욕망이 쌓인 것인가? — 확인 — ❷ 集聖諦 집성제
3. 무엇을 없앨 것인가? — 처방 — ❸ 滅聖諦 멸성제
4. 없애는 구체적 방법은 무엇인가? — 치료 — ❹ 道聖諦 도성제

팔정도八正道*

① 정견正見: 바른 견해[삶이 고통을 동반하고 변화한다는 것에 대해 정확히 이해함과 팔정도를 따라 가는 것이 고통을 극복하고 행복해질 수 있다는 깨달음]

② 정사유正思惟: 바른 생각[자기 자신이 팔정도를 따라 가는 것에 헌신함]

③ 정어正語: 바른 말[긍정적이고 도움을 주는 방식으로 발설하고 진리를 말함]

④ 정업正業: 바른 행동[계율과 신심에 따라 인생을 삶]

⑤ 정명正命: 바른 삶[타자를 해치지 않으면서 일을 하고 타자에게 도움을 주는 일을 함]

⑥ 정정진正精進**: 바른 노력[온화하고 긍정적 마인드로 수행함]

⑦ 정념正念: 바른 인식[자기 자신을 충분히 인지하면서 존재하고 자신을 둘러싼 타자와 세계에 대해 잘 깨닫고 있음]

⑧ 정정正定: 바른 선정[마음을 고요하게 가라앉히고 지혜를 계발하는 것을 훈련함]

이러한 팔정도는 도성제道聖諦를 이룬다.

<표 1> 육바라밀六波羅蜜***

① 보시	② 지계	③ 인욕	④ 정진	⑤ 선정	⑥ 반야
布施	持戒	忍辱	精進	禪定	般若
재물이나 불법을 베풂	계율을 지킴	욕됨과 번뇌를 참고 원한을 일으키지 않음	성실히 힘써 나아감	산란한 마음을 안정시킴	제법의 공성****을 깨닫는 것

*십이연기를 끊어내어 깨달음으로 들어가는 여덟가지의 바른 길로서 이것은 흔히 착하게 살려면 이렇게 하라는 도덕적 훈계가 절대 아니다!

**개인의 사적 이득—각자 욕망을 충족시키는 일—을 위해 노력하는 것은 여기에 포함되지 않는다. 오로지 반야바라밀, 즉 지혜의 완성으로서의 깨달음을 위해 진력하는 것이 정정진이다.

***팔정도가 근본불교에서 주창하는 도성제라면 육바라밀은 대승불교에서 강조하는 도성제이다.

****제법의 공성이란 이 세상의 모든 존재와 그 현상은 고정불변하는 실체가 없다는 특성을 말한다.

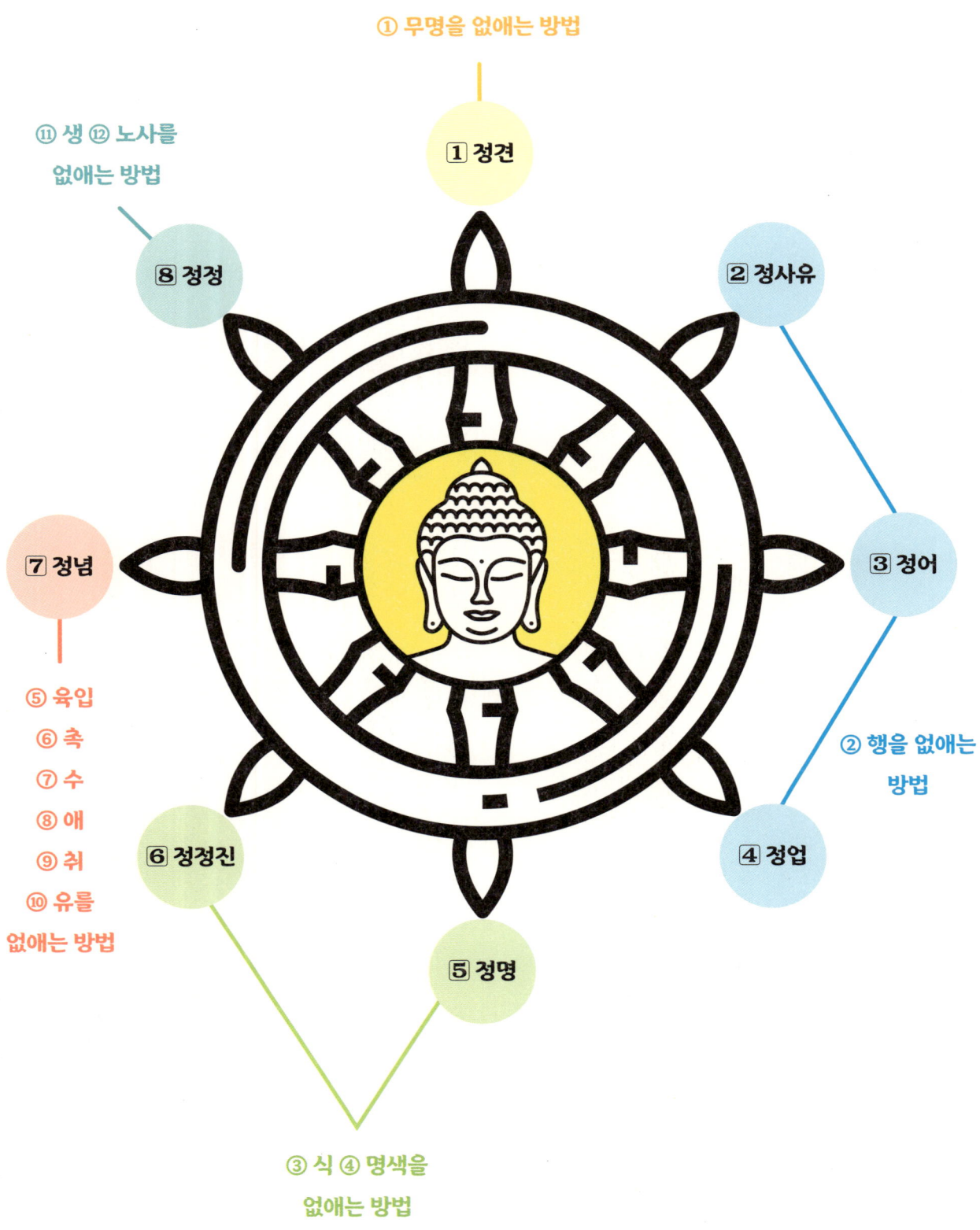

[그림 3] 팔정도와 십이연기의 관계

팔정도와 십이연기의 바른 이해

우선 팔정도는 하향식이든 상향식이든 관계없이 위계적 평면구조가 아니다.

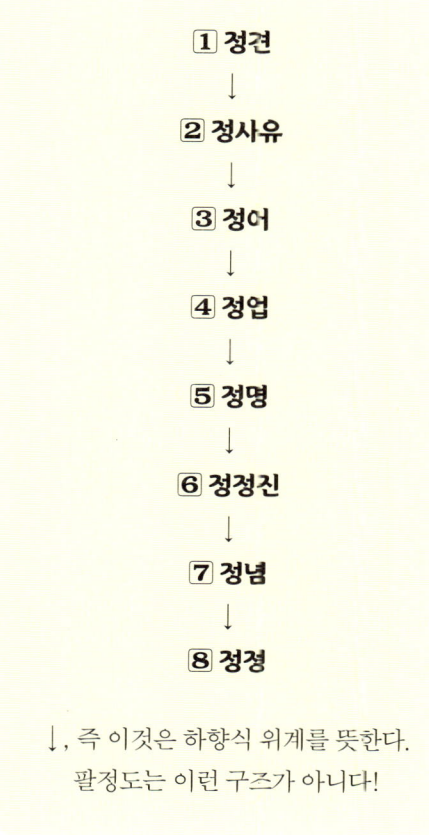

↓, 즉 이것은 하향식 위계를 뜻한다.
팔정도는 이런 구조가 아니다!

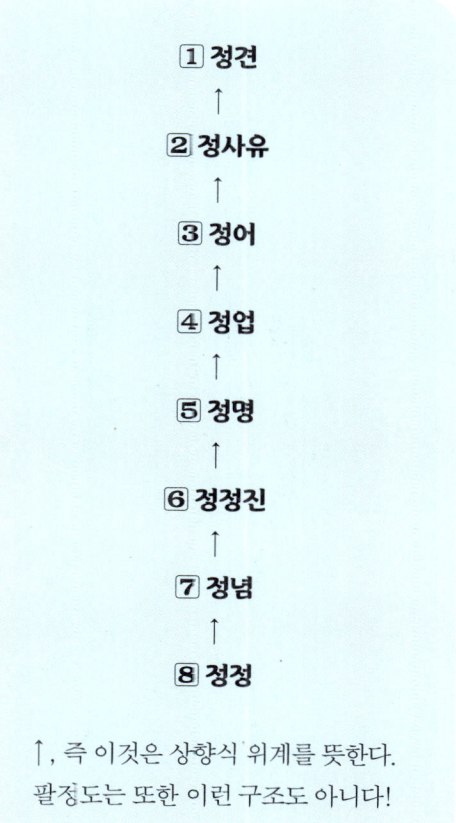

↑, 즉 이것은 상향식 위계를 뜻한다.
팔정도는 또한 이런 구조도 아니다!

오로지 팔정도는 [그림 3]처럼 안에 진리의 수레바퀴, 즉 법륜*이 쉬지 않고 돌아가듯이 시계방향으로 순환하며 운동하는 개념이다. 그러면서 팔정도는 십이연기를 끊어내는 작업을 계속 실행한다.

*이를 우리는 다르마-차크라 dharma-cakra라고 부른다. 이때 다르마는 진리를 뜻하고 차크라는 영어로 〈wheel〉 또는 〈disk〉를 말한다.

팔정도라는 법륜을 굴리면서 십이연기를 끊어라! 이것이 바로 〈수행〉이다.

無	智	亦	無	得							
무	지	역	무	득							

앎	도		없	고		또	한		얻	음	도		없	다	.			

無무　　　없을 무
智지*　　알 지
亦역　　　또 역
無무　　　없을 무
得득　　　얻을 득

*이때 智지는 앎, 즉 지식이므로 이를 지혜로 번역하면 안 된다! 〈지智늑지知〉 여기서 늑는 서로 호환해 쓴다는 뜻이다.

원래 맥락을 가져오면 이렇게 된다. 〈空中공중 無智亦無得무지역무득〉, 즉 〈공 안에서는 앎도 없고 또한 얻음도 없다〉. 왜냐하면 공은 지식의 문제를 취급하는 것도 아니며 어떤 것을 얻는 것이 아니라 도리어 가진 것을 버리는 것이기 때문이다. 더 나아가 공의 관점에서 보면 얻을 것도 없고 버릴 것도 없는 것이 된다.

以	無	所	得	故						
이	무	소	득	고						

| 그 | 러 | 므 | 로 | | 얻 | 을 | | 바 | 가 | | 없 | 기 | | 때 | 문 | 에 | | |

以 無 所 得 故
이 무 소 득 고

以이   그러므로 이
無무   없을 무
所소   바 소
得득   얻을 득
故고   ~ 때문에 고

菩	提	薩	埵		依	般	若	波	羅	蜜	多		
보	리	살	타		의	반	야	바	라	밀	다		

| 보 | 리 | 살 | 타 | 는 | | 반 | 야 | 바 | 라 | 밀 | 다 | 를 | | 의 | 지 | 한 | 다 | . |

菩 提 薩 埵
보 리 살 타

菩보	보를 음차해온 보
提리	리를 음차해온 리
薩살	살을 음차해온 살
埵타	타를 음차해온 타
菩提薩埵 보리살타	보리에서 '보'를 뽑고 살타에서 '살'을 뽑아서 이 둘을 합쳐 '보살'이 된다. 이렇듯 보살은 보리살타의 줄임말이다. 원래 산스크리트어 Bodhisattva를 음역한 것이 보리살타이다. ☞ 29쪽

依般若波羅蜜多
의 반 야 바 라 밀 다

依의	의지할 의
般반	반을 음차해온 반
若야	야를 음차해온 야
般若반야	팔리어 paññā를 음역한 것 ☞ 29쪽
波바	바를 음차해온 바
羅라	라를 음차해온 라
蜜밀	밀을 음차해온 밀
多다	다를 음차해온 다
波羅蜜多 바라밀다	산스크리트어 pāramitā를 음역한 것 ☞ 30쪽

故	心	無	罣	礙	無	罣	礙	故			
고	심	무	괘	애	무	괘	애	고			

그	러	므	로		마	음	이		걸	림	없	고		걸	림	없	기		때
문	에																		

故心無罣礙
고심무괘애

故고   그러므로 고

心심   마음 심

無무   없을 무

罣괘   걸릴 괘

礙애   거리낄 애

罣礙괘애   이는 걸림으로 방해 또는 장애라는 뜻이다. 세간과 출세간의 약본을 보면 이를 가애로 읽는다. *그러나 罣의 원래 음은 가가 아니라 괘이다!* 礙애의 속자는 碍애이다. 이런 점 때문에 礙애는 碍애로 서로 호환해서 쓰인다. 이런 점으로 버전에 따라 罣碍괘애로 쓴다. 또한 罣괘도 掛괘와 호환해 쓴다. 예를 들어 掛碍괘애가 그것이다.

罣 ≒ 掛 / 걸릴 괘

礙 ≒ 碍 / 거리낄 애

無 罣 礙 故
무 괘 애 고

無무　　없을 무
罣괘　　걸릴 괘
礙애　　거리낄 애
故고　　~ 때문에 고

無	有	恐	怖	遠	離	顚	倒	夢	想	究	竟	涅	槃
무	유	공	포	원	리	전	도	몽	상	구	경	열	반

공포도 없고 뒤바뀐 헛된 생각을 멀리하고 끊어내어 마침내 열반으로 이어진다.

無有恐怖 무유공포

無무	않을 무
有유	있을 유
無有무유	있지 않다, 즉 없다는 뜻이다.
恐공	두려워할 공
怖포	두려워할 포
恐怖공포	두려움 또는 무서움

遠離顚倒夢想 원리전도몽상

遠원	멀리할 원

離리	끊을 리
顚전	뒤집을 전
倒도	넘어질 도
顚倒전도	사전적 의미로 엎어지거나 넘어지는 것이다. 불교 용어로는 번뇌* 때문에 잘못된 생각을 갖거나 현실을 잘못 이해하는 일을 뜻한다.
夢몽	꿈꿀 몽
想상	생각 상
夢想몽상	꿈속의 생각으로 여기서 더 나아가서 실현성이 없는 헛된 생각을 말한다.

*번뇌는 해탈을 장애하는 인간의 근본적인 관성으로 무명無明이 대표적이다. ☞ 61쪽

顚倒夢想전도몽상 = 妄想망상 = 妄念망념

究竟涅槃
구 경 열 반

究구	마침내 구
竟경	이어질 경
涅열	열을 음차해온 열
槃반	반을 음차해온 반
涅槃열반	산스크리트어 nirvāṇa를 음역한 것이다. 번뇌의 불길이 완전히 소결된 상태를 뜻한다. 사자성구로 안락적멸安樂寂滅이라 한다. 이를 해탈이라 한다.

三	世	諸	佛		依	般	若	波	羅	蜜	多	故	
삼	세	제	불		의	반	야	바	라	밀	다	고	

과	거	·	현	재	·	미	래	의		모	든		부	처	가		반	야	바
라	밀	다	를		의	지	했	기		때	문	에							

三삼   석 삼
世세   세상 세
三世삼세   과거·현재·미래를 뜻한다.
諸제   모두 제
佛불*   부처 불

*佛은 부처로 Buddha를 한자로 음역한 불타佛陀에서 가져온 것이다. 원래 Buddha는 〈눈을 뜨다〉라는 원뜻에서 출발하여 〈진리에 눈을 뜬 사람〉이다.
붓다Buddha → 불타佛陀
불타를 줄여서 불이라 한다.

依般若波羅蜜多故
의 반야 바라밀다 고

依의	의지할 의
般반	반을 음차해온 반
若야	야를 음차해온 야
般若반야	팔리어 paññā를 음역한 것 ☞ 29쪽
波바	바를 음차해온 바
羅라	라를 음차해온 라
蜜밀	밀을 음차해온 밀
多다	다를 음차해온 다
波羅蜜多바라밀다	산스크리트어 pāramitā를 음역한 것 ☞ 30쪽
故고	~ 때문에 고

得	阿	耨	多	羅	三	藐	三	菩	提		
득	아	녹	다	라	삼	먁	삼	보	리		

최	상	의		깨	달	음	을		얻	었	다	.			

得阿耨多羅三藐三菩提
득아녹다라삼먁삼보리

得 득	얻을 득
阿 아	아를 음차해온 아
耨 녹	녹을 음차해온 녹
多 다	다를 음차해온 다
羅 라	라를 음차해온 라
三 삼	삼을 음차해온 삼
藐 먁	먁을 음차해온 먁
三 삼	삼을 음차해온 삼
菩 보	보를 음차해온 보
提 리	리를 음차해온 리
阿耨多羅三藐三菩提 아뇩다라-삼먁-삼보리	최상의 깨달음 anuttara-samyak-sambodhi를 음역한 것이다. 물론 이것은 산스크리트어다.

산스크리트어 로마자 표기	음역한 한자	풀이
anuttara	아뇩다라阿耨多羅	탁월한
samyak	삼먁三藐	완전한
sambodhi	삼보리三菩提	정보리正菩提 완벽한 깨달음

☞ 아뇩다라삼먁삼보리의 의역: 무상정등정각無上正等正覺* 또는 무상정편각無上正遍覺

*무상정등정각無上正等正覺: 세상 모든 일의 참된 내용이나 형편을 두루 알며 최고로 바르고 원만한 부처의 마음 또는 그 지혜로 위없이 올바르고 완전한 깨달음

3. 정리

故	知										
고	지										

그	러	므	로		알	아	라	.							

故 고　　　그러므로 고
知 지　　　알 지

般	若	波	羅	蜜	多		是	大	神	呪		是	大	明
반	야	바	라	밀	다		시	대	신	주		시	대	명

呪		是	無	上	呪		是	無	等	等	呪
주		시	무	상	주		시	무	등	등	주

반야바라밀다는 크고 진귀한 주문이며 크고 밝은 주문이며 위없는 주문이며 등급을 나눌 수 없는 등급의 주문이다.

般若波羅蜜多
반야바라밀다

般반	반을 음차해온 반
若야	야를 음차해온 야
般若반야	팔리어 paññā를 음역한 것 ☞ 29쪽
波바	바를 음차해온 바
羅라	라를 음차해온 라
蜜밀	밀을 음차해온 밀
多다	다를 음차해온 다
波羅蜜多바라밀다	산스크리트어 pāramitā를 음역한 것 ☞ 30쪽

是大神呪
시 대 신 주

是시   ~이다 시
大대   큰 대
神신   진귀할 신
呪주   주문 주

是大明呪
시 대 명 주

是시   ~이다 시
大대   큰 대
明명   밝을 명
呪주   주문 주

是無上呪
시 무 상 주

是시   ~이다 시
無무   없을 무

| 上상 | 위 상 |
| 呪주 | 주문 주 |

是無等等呪
시 무 등 등 주

是시	~이다 시
無무	없을 무
等등	등급을 나눌 등
等등	등급 등
呪주*	주문 주 ☞ 88쪽

*주呪는 주咒와 호환해서 쓴다. 呪 ≒ 咒

주부	술부
般若波羅蜜多반야바라밀다	① 是大神呪시대신주
	② 是大明呪시대명주
	③ 是無上呪시무상주
	④ 是無等等呪시무등등주

위 문장의 구조는 이렇게 되어 있다.

A는 B이다 → A是B

A: 般若波羅蜜多

是: ~이다

B: ⟨① 大神呪, ② 大明呪, ③ 無上呪, ④ 無等等呪⟩

제1부 『반야심경』 강독

能	除	一	切	苦		眞	實	不	虛				
능	제	일	체	고		진	실	불	허				

| 모 | 든 | | 고 | 통 | 을 | | 제 | 거 | 할 | | 수 | | 있 | 고 | | 진 | 실 | 해 | 서 |
| 거 | 짓 | 이 | | 없 | 다 | . | | | | | | | | | | | | | |

能除一切苦
능 제 일 체 고

能 능   ~할 수 있다 능
除 제   제거할 제
一 일   모두 일
切 체   모두 체
一**切** 일체   모든
苦 고   고통 고

眞 實 不 虛
진 실 불 허

眞진   참될 진
實실   참됨 실
眞實진실   참되고 변하지 아니하는 영원한 진리
不불   없을 불
虛허   거짓 허

〈能除一切苦능제일체고 眞實不虛진실불허〉의 앞에 〈般若波羅蜜多반야바라밀다〉가 생략된 것이다. 그래서 이를 온전하게 쓰면 다음과 같다. 〈般若波羅蜜多반야바라밀다 能除一切苦능제일체고 眞實不虛진실불허〉, 즉 〈반야바라밀다는 모든 고통을 제거할 수 있고 진실해서 거짓이 없다〉.

故	說	般	若	波	羅	蜜	多	呪		即	說	呪	曰
고	설	반	야	바	라	밀	다	주		즉	설	주	왈

그러므로 반야바라밀다의 주문을 말한다.
곧 주문을 말하자면 다음과 같다.

故說般若波羅蜜多呪 고설반야바라밀다주

故고	그러므로 고
說설	말할 설
般반	반을 음차해온 반
若야	야를 음차해온 야
般若반야	팔리어 paññā를 음역한 것 ☞ 29쪽
波바	바를 음차해온 바
羅라	라를 음차해온 라
蜜밀	밀을 음차해온 밀
多다	다를 음차해온 다
波羅蜜多바라밀다	산스크리트어 pāramitā를 음역한 것 ☞ 30쪽
呪주*	주문 주

*이것은 반야바라밀다의 주문 mantra을 말한다. 영혼을 적시는 노래soulful song가 만트라다. 呪 = 만트라

卽 說 呪 曰
즉 설 주 왈

卽즉   곧 즉
說설   말할 설
呪주   주문 주
曰왈   ~이다 왈

揭	諦	揭	諦		波	羅	揭	諦		波	羅	僧	揭	諦
아	제	아	제		바	라	아	제		바	라	승	아	제
菩	提	娑	婆	訶										
모	지	사	바	하										

가자 가자. 넘어가자! 함께 넘어가서 깨달음을 이루자.

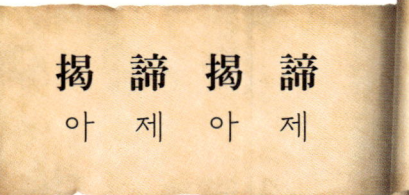

揭諦揭諦
아제아제

波羅揭諦
바라아제

波羅僧揭諦
바라승아제

菩提娑婆訶
모지사바하

반야바라밀다의 주문 의역

가자가자.
넘어 가자!
함께 넘어가서
깨달음을 이루자.

揭諦揭諦 아제아제 gategate

波羅揭諦 바라아제 pāragate

波羅僧揭諦 바라승아제 pārasaṃgate

菩提娑婆訶 모지사바하 bodhisvāhā

揭諦揭諦아제아제는 gategate를 음역한 것이다. 波羅揭諦바라아제는 pāragate를 음역한 것이다. 波羅僧揭諦바라승아제는 pārasaṃgate를 음역한 것이다. 菩提娑婆訶모지사바하는 bodhisvāhā를 음역한 것이다.

위의 만트라를 아래와 같이 통상 세번—①회, ②회, ③회—을 반복해서 부른다. 이렇게 염송*하면서 말이다.

*마음으로 부처를 생각하면서 주문을 암송하는 것을 뜻한다.

①회

揭諦揭諦 아제아제 gategate

波羅揭諦 바라아제 pāragate

波羅僧揭諦 바라승아제 pārasaṇgate

菩提娑婆訶 모지사바하 bodhisvāhā

2회

揭諦揭諦 아제아제 gategate
波羅揭諦 바라아제 pāragate
波羅僧揭諦 바라승아제 pārasaṃgate
菩提娑婆訶 모지사바하 bodhisvāhā

3회

揭諦揭諦 아제아제 gategate
波羅揭諦 바라아제 pāragate
波羅僧揭諦 바라승아제 pārasaṃgate
菩提娑婆訶 모지사바하 bodhisvāhā

그러나 위의 주문을 굳이 번역할 필요는 없다! 하지만 참고로 주문에 나오는 어휘를 다음과 같이 정리할 수 있다.

<표 2> 주문 어휘 비교 대조표

산스크리트어의 로마자 표기	음역한자	음	의역
gate	揭諦	아제	가자, 도달하자, 완성하자
para	波羅	바라	초월, 피안
sam	僧	승	함께
bodhi	菩提	모지	원만한 지혜
svaha	娑婆訶	사바하	구경, 성취, 원만, 진실

<표 3> 『반야심경』에 음역된 산스크리트어

산스크리트어 로마자 표기	음역한자	음	뜻	비고
mahā	摩訶	마하	위대한	
paññā	般若	반야	지혜	팔리어
pāramitā	波羅蜜多	바라밀다	도피안	
Bodhisattva	菩提薩埵	보리살타	완전한 깨달음을 추구하는 사람	줄여서 보살
nirvāṇa	涅槃	열반	해탈	
anuttarasamyak sambodhi	阿耨多羅三藐三菩提	아뇩다라삼먁삼보리	최상의 깨달음	
Śāriputra	舍利子	사리자	사리불	사리는 음역이고 푸트라는 의역

<표 4> 『반야심경』에서 음역할 때 원래 음과 다르게 쓰인 한자 모음

항목	원래 음훈	음역 음	실례
訶	꾸짖을 가	하	摩訶 마하
若	같을 약	야	般若 반야
波	물결 파	바	波羅蜜多 바라밀다
耨	김맬 누	녹	阿耨多羅 아뇩다라
藐	아득할 막	먁	三藐 삼먁
提	들 제	리/지	三菩提 삼보리/菩提모지
揭	들 게	아	揭諦 아제
諦	살필 체	제	揭諦 아제
菩	보살 보	모	菩提 모지
婆	할미 파	바	娑婆訶 사바하

Q&A

1. 다음 중에서 팔리어를 음역한 것은 어느 것인가? (   )

   ① 般若
   ② 涅槃
   ③ 波羅蜜多
   ④ 菩提薩埵

2. 다음 중에서 般若의 반대는 어느 것인가? (   )

   ① 涅槃
   ② 無明
   ③ 空
   ④ 色

정답: 1. ① ② ③ ④ 모두 산스크리트어 음역이다. 2. ②

제
2
부

『반야심경』
텍스트 읽기

摩訶般若波羅蜜多心經
마하반야바라밀다심경

觀自在菩薩　行深般若波羅蜜多時　照見五蘊皆空　度一切苦厄
관자재보살　행심반야바라밀다시　조견오온개공　도일체고액

舍利子　色不異空　空不異色　色卽是空　空卽是色　受想行識
사리자　색불이공　공불이색　색즉시공　공즉시색　수상행식

亦復如是　舍利子　是諸法空相　不生不滅　不垢不淨　不增不減
역부여시　사리자　시제법공상　불생불멸　불구부정　부증불감

是故　空中無色　無受想行識　無眼耳鼻舌身意　無色聲香味觸
시고　공중무색　무수상행식　무안이비설신의　무색성향미촉

法　無眼界　乃至　無意識界　無無明　亦無無明盡　乃至　無老死
법　무안계　내지　무의식계　무무명　역무무명진　내지　무노사

亦無老死盡　無苦集滅道　無智亦無得　以無所得故　菩提薩埵
역무노사진　무고집멸도　무지역무득　이무소득고　보리살타

依般若波羅蜜多　故心無罣礙　無罣礙故　無有恐怖　遠離顚倒
의반야바라밀다　고심무괘애　무괘애고　무유공포　원리전도

夢想　究竟涅槃　三世諸佛　依般若波羅蜜多故　得阿耨多羅三
몽상　구경열반　삼세제불　의반야바라밀다고　득아뇩다라삼

藐三菩提　故知　般若波羅蜜多　是大神呪　是大明呪　是無上呪
먁삼보리　고지　반야바라밀다　시대신주　시대명주　시무상주

是無等等呪　能除一切苦　眞實不虛　故說般若波羅蜜多呪
시무등등주　능제일체고　진실불허　고설반야바라밀다주

卽說呪曰　揭諦揭諦　波羅揭諦　波羅僧揭諦　菩提娑婆訶
즉설주왈　아제아제　바라아제　바라승아제　모지사바하

摩訶般若波羅蜜多心經
마 하 반 야 바 라 밀 다 심 경

☞ 원문 위에 표시한 넘버링은 해석순서를 뜻한다.

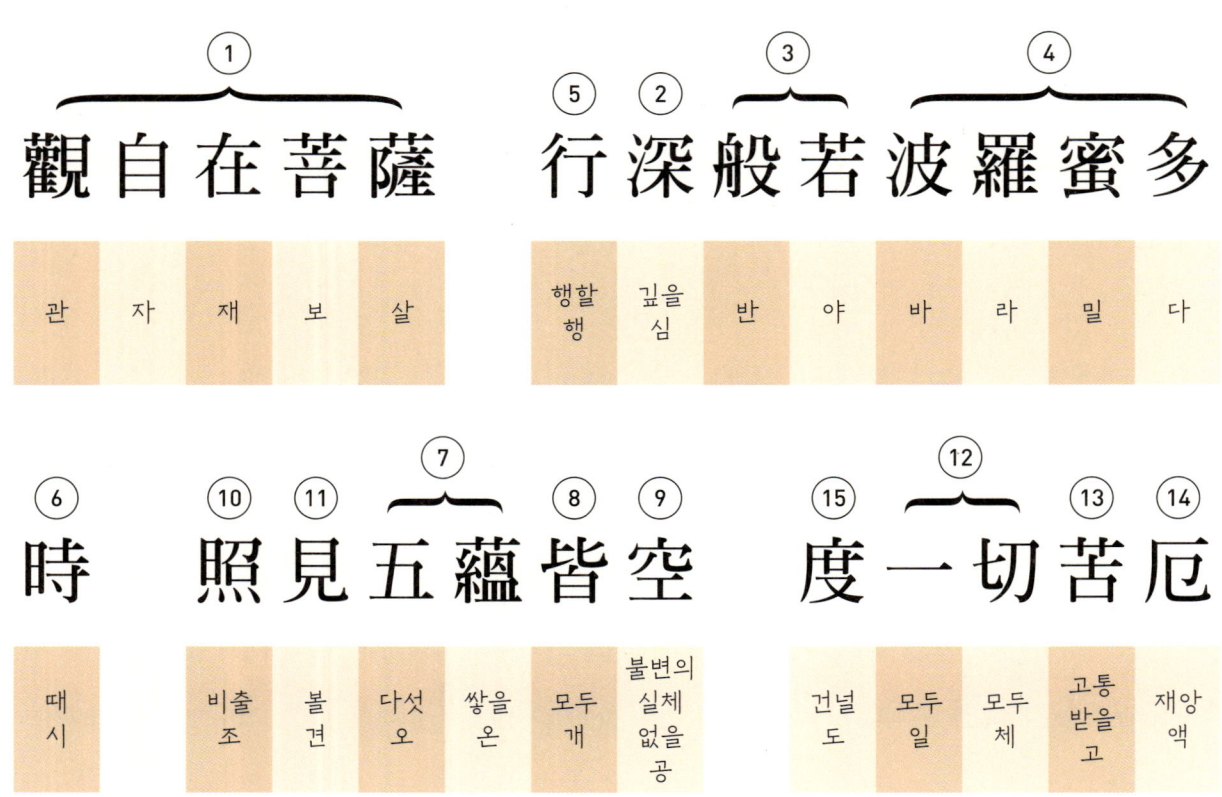

관자재보살이 깊은 반야바라밀다를 행할 때 오온이 모두 공하다는 것을 비추어보고 모든 고통과 괴로움을 건넜다.

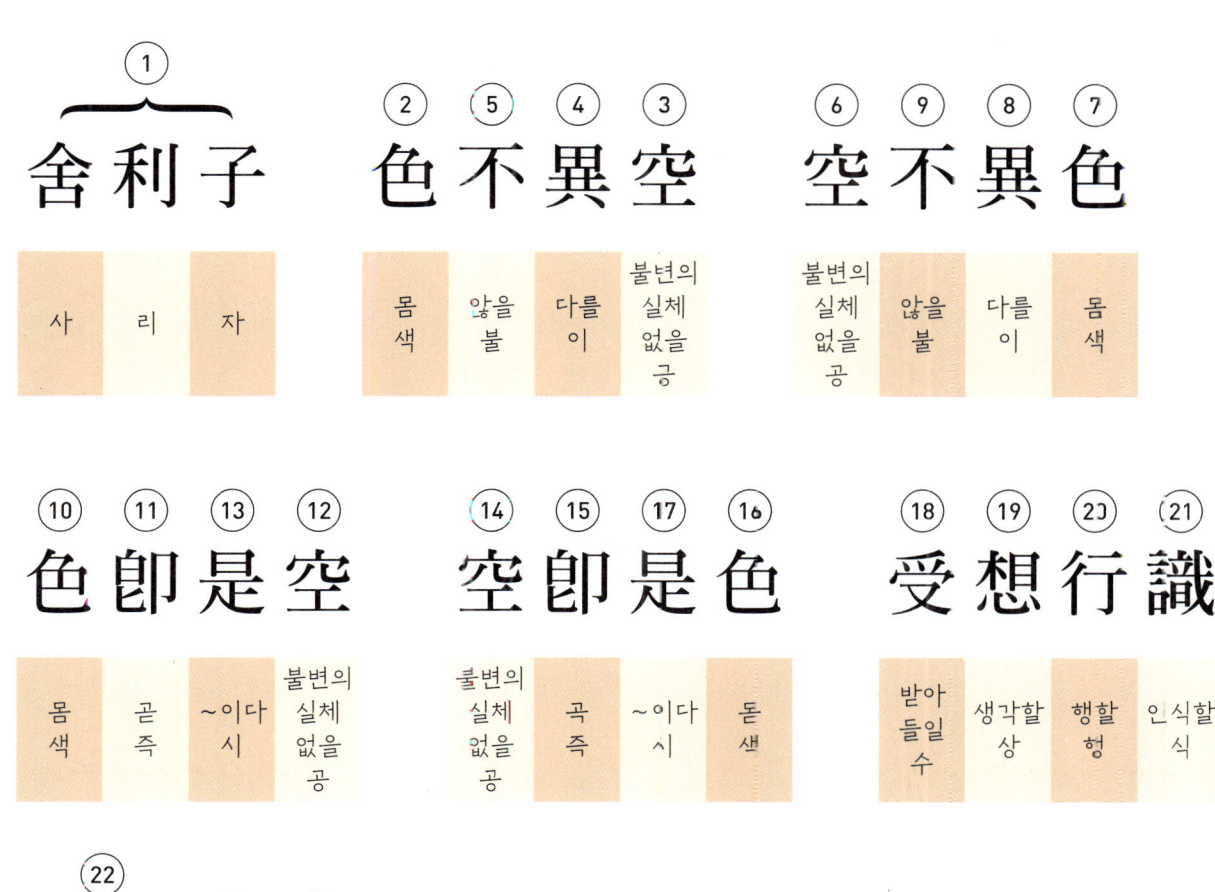

사리자여! 색은 공과 다르지 않고 공은 색과 다르지 않으니 색은 곧 공이요 공은 곧 색이니 수·상·행·식도 또한 이와 같다.

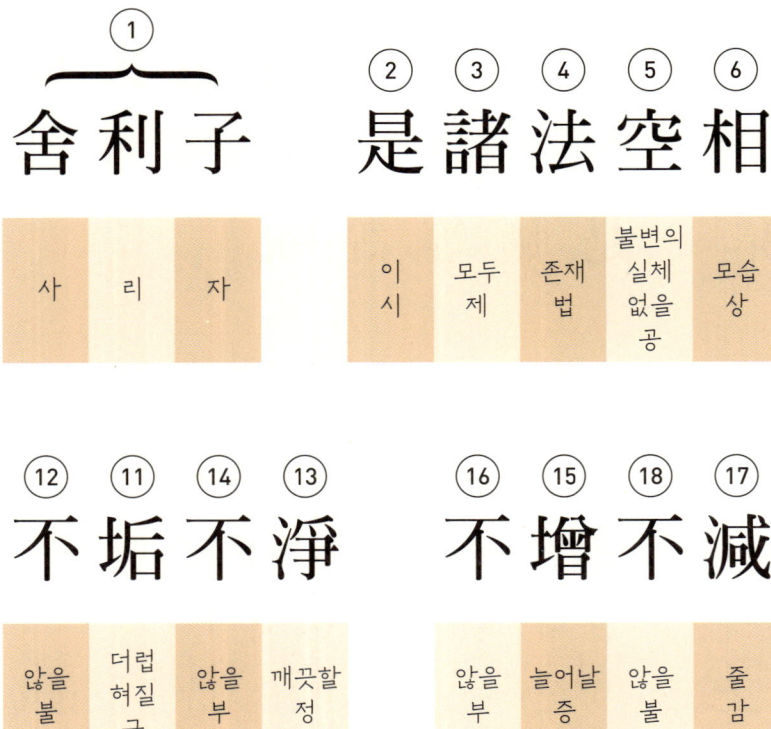

사리자여! 이러한 모든 존재의 공한 모습은 생기지도 않고 없어지지도 않으며, 더러워지지도 않고 깨끗해지지도 않으며, 늘어나지도 않고 줄어들지도 않는다.

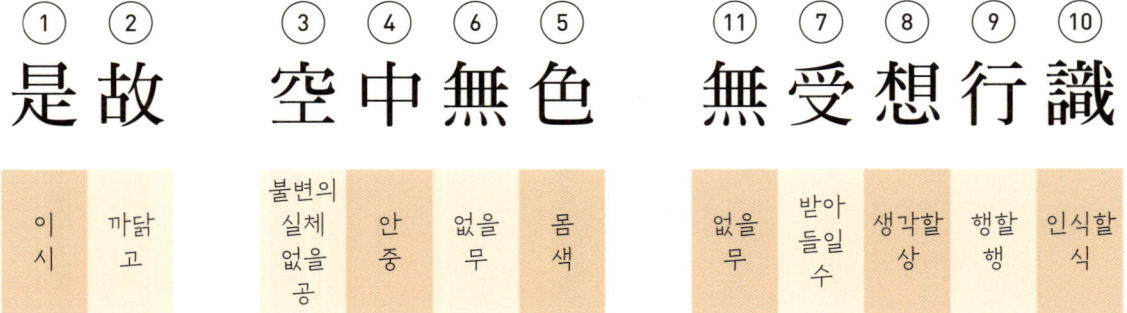

이 때문에 공 안에서는 색은 없고 수·상·행·식도 없다.

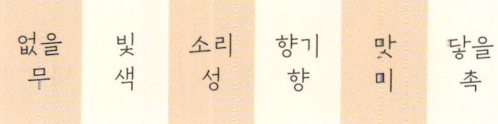
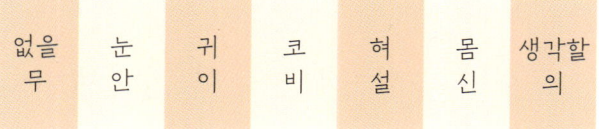

안·이·비·설·신·의도 없고 색·성·향·미·촉·법도 없다.

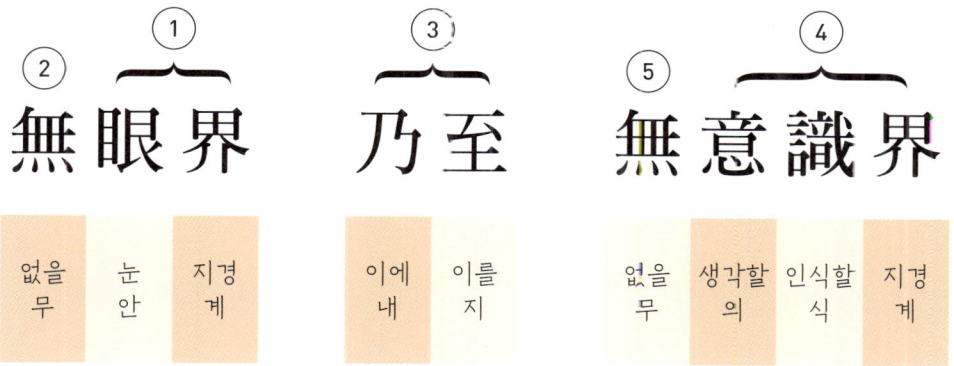

안계도 없고 또는 의식계도 없다.

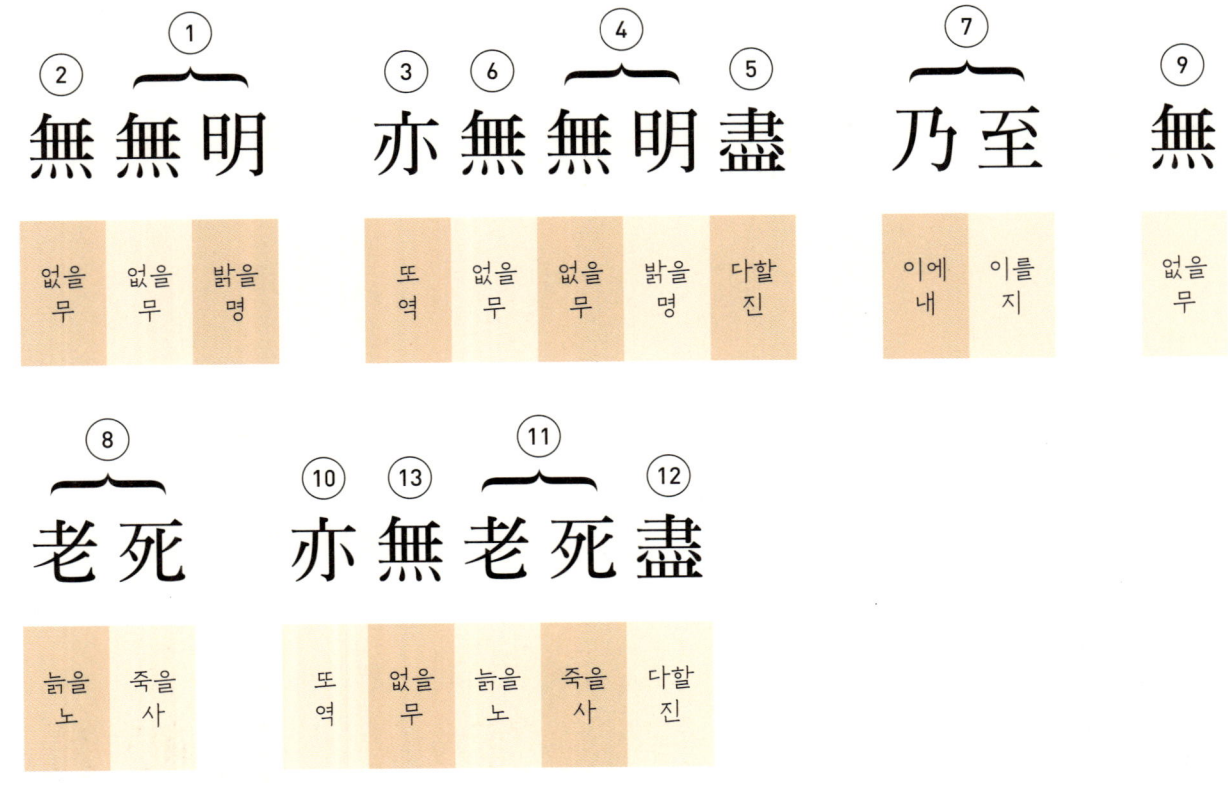

무명도 없고 또한 무명이 다했다는 것도 없으며 그리고 노사도 없고 또한 노사가 다했다는 것도 없다.

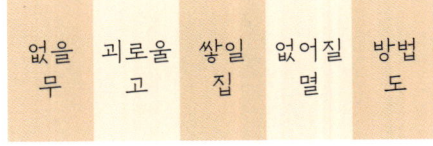

고·집·멸·도가 없다.

② ① ③ ⑤ ④
無 智 亦 無 得

| 없을 무 | 알 지 | 또 역 | 없을 무 | 얻을 득 |

앎도 없고 또한 얻음도 없다.

① ④ ③ ② ⑤
以 無 所 得 故

| 그러므로 이 | 없을 무 | 바 소 | 얻을 득 | ~때문에 고 |

⑥
菩 提 薩 埵

| 보 | 리 | 살 | 타 |

⑨ ⑦
依 般 若

| 의지할 의 | 반 | 야 |

⑧
波 羅 蜜 多

| 바 | 라 | 밀 | 다 |

그러므로 얻을 바가 없기 때문에 보리살타는 반야바라밀다를 의지한다.

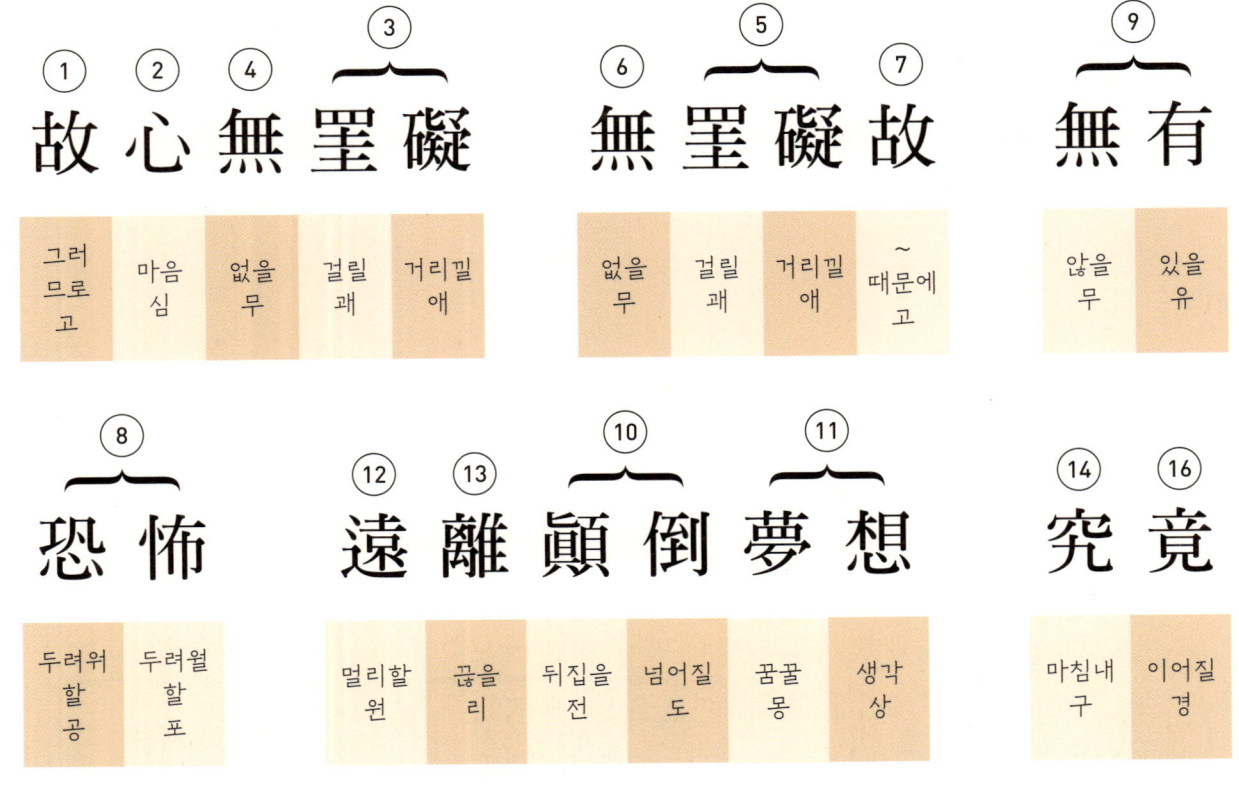

그러므로 마음이 걸림없고 걸림없기 때문에 공포도 없고 뒤바뀐 헛된 생각을 멀리하고 끊어내어 마침내 열반으로 이어진다.

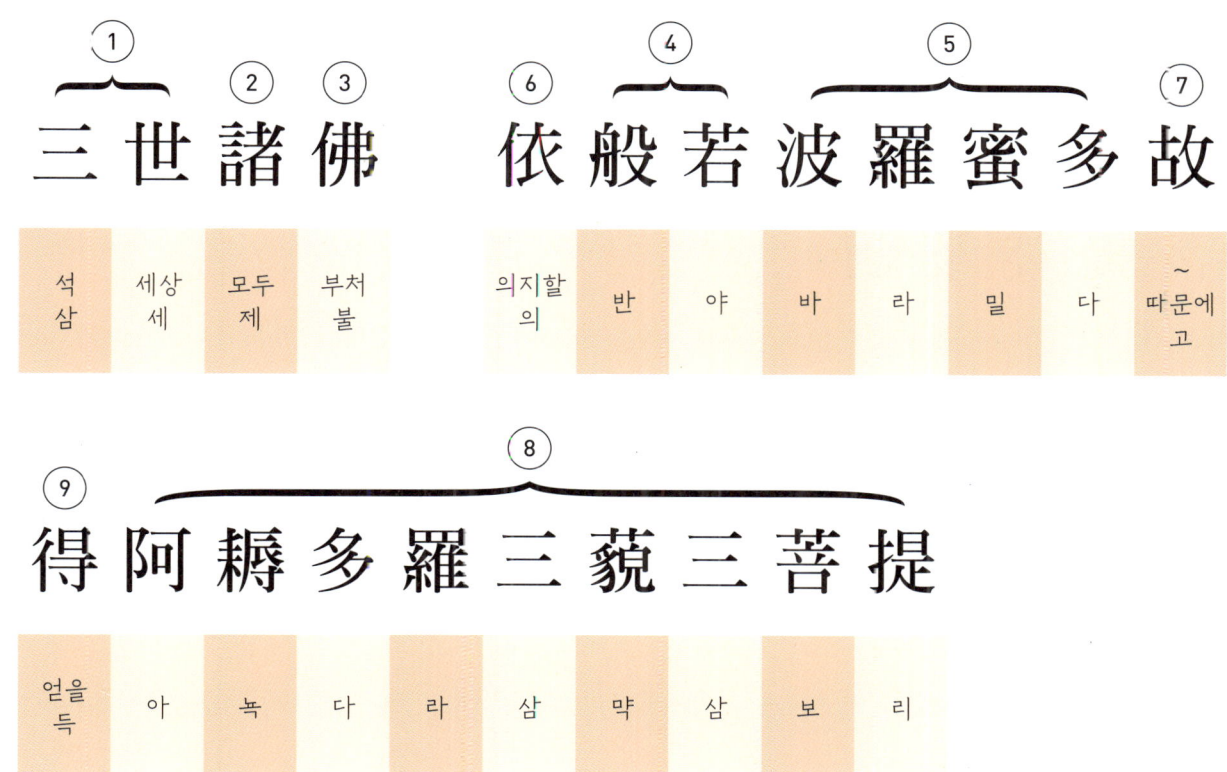

과거·현재·미래의 모든 부처가 반야바라밀다를 의지했기 때문에 최상의 깨달음을 얻었다.

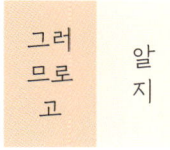

그러므로 알아라.

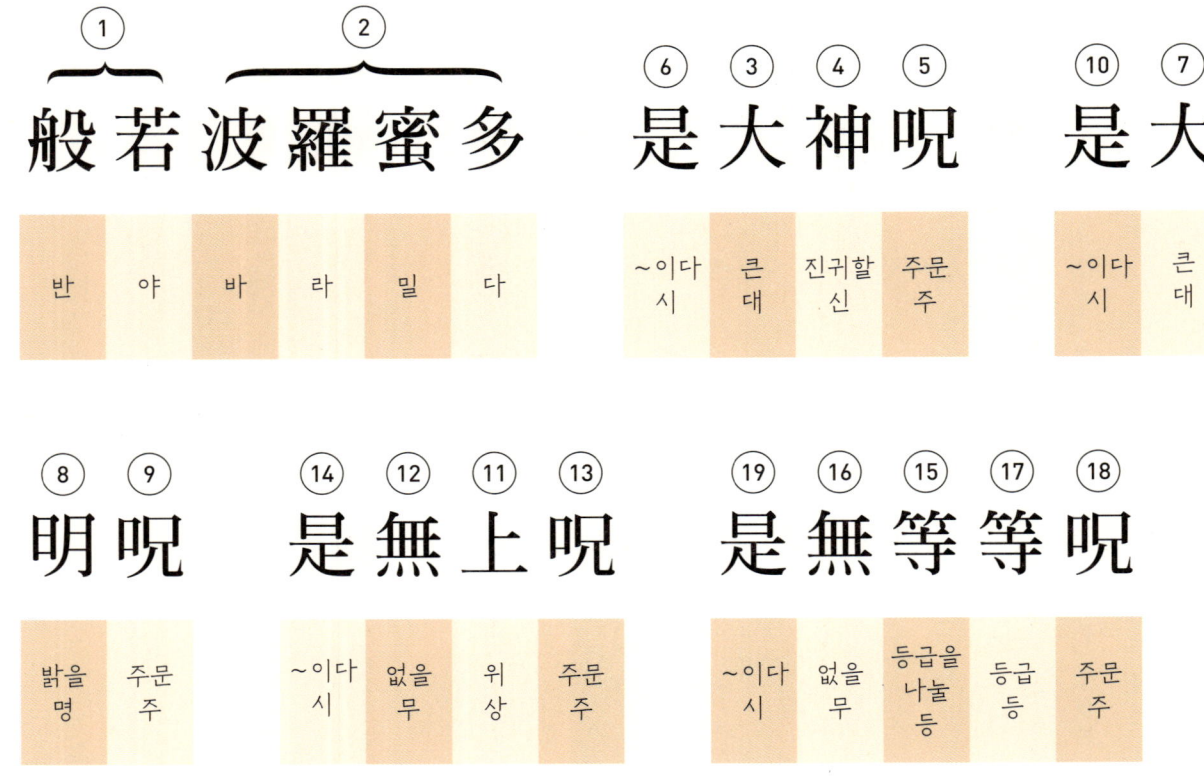

반야바라밀다는 크고 진귀한 주문이며 크고 밝은 주문이며 위없는 주문이며 등급을 나눌 수 없는 등급의 주문이다.

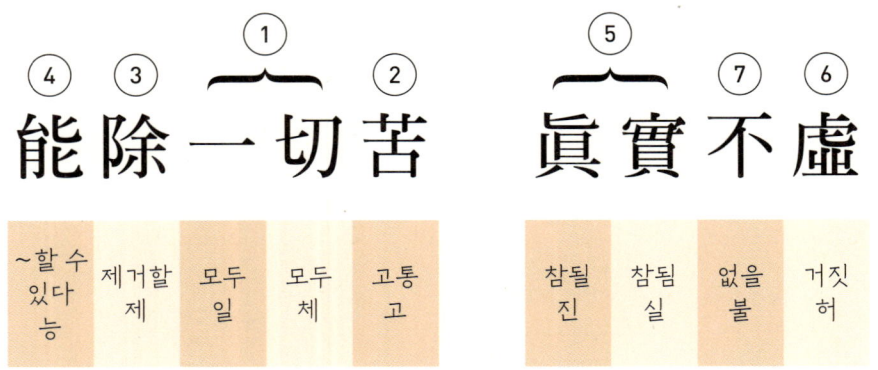

모든 고통을 제거할 수 있고 진실해서 거짓이 없다.

그러므로 반야바라밀다의 주문을 말한다.

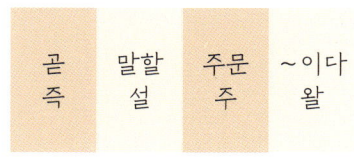

곧 주문을 말하자면 다음과 같다.

揭諦揭諦　波羅揭諦

아제아제　바라아제

波羅僧揭諦　菩提娑婆訶

바라승아제　모지사바하

아제아제 바라아제 바라승아제 모지사바하

제 3 부

『반야심경』 사경

1. 한문버전

摩訶般若波羅蜜多心經
마 하 반 야 바 라 밀 다 심 경

觀	自	在	菩	薩		行	深	般	若	波	羅	蜜	多	時
관	자	재	보	살		행	심	반	야	바	라	밀	다	시

照	見	五	蘊	皆	空		度	一	切	苦	厄			
조	견	오	온	개	공		도	일	체	고	액			

舍	利	子		色	不	異	空		空	不	異	色
사	리	자		색	불	이	공		공	불	이	색

色	即	是	空		空	即	是	色		受	想	行	識
색	즉	시	공		공	즉	시	색		수	상	행	식

亦	復	如	是		舍	利	子		是	諸	法	空	相
역	부	여	시		사	리	자		시	제	법	공	상

不	生	不	滅		不	垢	不	淨		不	增	不	減
불	생	불	멸		불	구	부	정		부	증	불	감

是	故		空	中	無	色		無	受	想	行	識
시	고		공	중	무	색		무	수	상	행	식

無	眼	耳	鼻	舌	身	意		無	色	聲	香	味	觸	法
무	안	이	비	설	신	의		무	색	성	향	미	촉	법

無	眼	界		乃	至		無	意	識	界		無	無	明
무	안	계		내	지		무	의	식	계		무	무	명

亦	無	無	明	盡		乃	至		無	老	死	
역	무	무	명	진		내	지		무	노	사	

亦	無	老	死	盡		無	苦	集	滅	道		無	智	亦
역	무	노	사	진		무	고	집	멸	도		무	지	역

無	得		以	無	所	得	故		菩	提	薩	埵	
무	득		이	무	소	득	고		보	리	살	타	

依	般	若	波	羅	蜜	多		故	心	無	罣	礙
의	반	야	바	라	밀	다		고	심	무	괘	애

無	罣	礙	故		無	有	恐	怖		遠	離	顚	倒
무	괘	애	고		무	유	공	포		원	리	전	도

夢	想		究	竟	涅	槃		三	世	諸	佛	
몽	상		구	경	열	반		삼	세	제	불	

依	般	若	波	羅	蜜	多	故		得	阿	耨	多	羅	三
의	반	야	바	라	밀	다	고		득	아	뇩	다	라	삼

제3부 『반야심경』 사경

藐	三	菩	提		故	知		般	若	波	羅	蜜	多
먁	삼	보	리		고	지		반	야	바	라	밀	다

是	大	神	呪		是	大	明	呪		是	無	上	呪
시	대	신	주		시	대	명	주		시	무	상	주

是	無	等	等	呪		能	除	一	切	苦			
시	무	등	등	주		능	제	일	체	고			

眞	實	不	虛		故	說	般	若	波	羅	蜜	多	呪
진	실	불	허		고	설	반	야	바	라	밀	다	주

卽	說	呪	曰		揭	諦	揭	諦		波	羅	揭	諦
즉	설	주	왈		아	제	아	제		바	라	아	제

波	羅	僧	揭	諦		菩	提	娑	婆	訶			
바	라	승	아	제		모	지	사	바	하			

2. 한글버전

마하반야바라밀다심경

관자재보살이 깊은 반야바라밀다를 행할 때 오온이 모두 공하다는 것을 비추어보고 모든 고통과 괴로움을 건넜다. 사리자여! 색은 공과 다르지 않고 공은 색과 다르지 않으니 색은 곧 공이요 공은 곧 색이니 수·상·행·식도 또한 이와 같다. 사리자여! 이러한 모든 존재의 공한 모습은 생기지도 않고 없어지지도 않으며, 더러워지지도 않고 깨끗해지지도 않으며, 늘어나지도 않고 줄어들지도 않는다. 이 때문에 공 안에서는 색은 없고 수·상·행·식도 없다. 안·이·비·설·신·의도 없고 색·성·향·미·촉·법도 없다. 안계도 없고 또는 의식계도 없다. 무명도 없고 또한 무명이 다했다는 것도 없으며 그리고 노사도 없고 또한 노사가 다했다는 것도 없다. 고·집·멸·도가 없다. 앎도 없고 또한 얻음도 없다. 그러므로 얻을 바가 없기 때문에 보리살타는 반야바라밀다를 의지한다. 그러므로 마음이 걸림없고 걸림없기 때문에 공포도 없고 뒤바뀐 헛된 생각을 멀리하고 끊어내어 마침내 열반으로 이어진다. 과거·현재·미래의 모든 부처가 반야바라밀다를 의지했기 때문에 최상의 깨달음을 얻었다. 그러므로 알아라. 반야바라밀다는 크고 진귀한 주문이며 크고 밝은 주문이며 위없는 주문이며 등급을 나눌 수 없는 등급의 주문이다. 모든 고통을 제거할 수 있고 진실해서 거짓이 없다. 그러므로 반야바라밀다의 주문을 말한다. 곧 주문을 말하자면 다음과 같다. 아제아제 바라아제 바라승아제 모지사바하

3. 만다라

☞ 지금부터 마음의 소리를 따라 만다라를 채색해 보세요.

1. 한문버전

摩訶般若波羅蜜多心經
마 하 반 야 바 라 밀 다 심 경

觀	自	在	菩	薩	行	深	般	若	波	羅	蜜	多	時
관	자	재	보	살	행	심	반	야	바	라	밀	다	시

照	見	五	蘊	皆	空	度	一	切	苦	厄
조	견	오	온	개	공	도	일	체	고	액

舍	利	子	色	不	異	空	空	不	異	色
사	리	자	색	불	이	공	공	불	이	색

色	卽	是	空	空	卽	是	色	受	想	行	識
색	즉	시	공	공	즉	시	색	수	상	행	식

亦	復	如	是		舍	利	子		是	諸	法	空	相
역	부	여	시		사	리	자		시	제	법	공	상

不	生	不	滅		不	垢	不	淨		不	增	不	減
불	생	불	멸		불	구	부	정		부	증	불	감

是	故		空	中	無	色		無	受	想	行	識
시	고		공	중	무	색		무	수	상	행	식

無	眼	耳	鼻	舌	身	意		無	色	聲	香	味	觸	法
무	안	이	비	설	신	의		무	색	성	향	미	촉	법

無	眼	界		乃	至		無	意	識	界		無	無	明
무	안	계		내	지		무	의	식	계		무	무	명

亦	無	無	明	盡		乃	至		無	老	死
역	무	무	명	진		내	지		무	노	사

亦	無	老	死	盡		無	苦	集	滅	道		無	智	亦
역	무	노	사	진		무	고	집	멸	도		무	지	역

無	得		以	無	所	得	故		菩	提	薩	埵		
무	득		이	무	소	득	고		보	리	살	타		

依	般	若	波	羅	蜜	多		故	心	無	罣	礙
의	반	야	바	라	밀	다		고	심	무	괘	애

無	罣	礙	故		無	有	恐	怖		遠	離	顚	倒
무	괘	애	고		무	유	공	포		원	리	전	도

夢	想		究	竟	涅	槃		三	世	諸	佛		
몽	상		구	경	열	반		삼	세	제	불		

依	般	若	波	羅	蜜	多	故		得	阿	耨	多	羅	三
의	반	야	바	라	밀	다	고		득	아	녹	다	라	삼

藐	三	菩	提		故	知		般	若	波	羅	蜜	多
먁	삼	보	리		고	지		반	야	바	라	밀	다

是	大	神	呪		是	大	明	呪		是	無	上	呪
시	대	신	주		시	대	명	주		시	무	상	주

是	無	等	等	呪		能	除	一	切	苦
시	무	등	등	주		능	제	일	체	고

眞	實	不	虛		故	說	般	若	波	羅	蜜	多	呪
진	실	불	허		고	설	반	야	바	라	밀	다	주

卽	說	呪	曰		揭	諦	揭	諦		波	羅	揭	諦
즉	설	주	왈		아	제	아	제		바	라	아	제

波	羅	僧	揭	諦		菩	提	娑	婆	訶
바	라	승	아	제		모	지	사	바	하

제3부 『반야심경』 사경

2. 한글버전

마하반야바라밀다심경

관자재보살이 깊은 반야바라밀다를 행할 때 오온이 모두 공하다는 것을 비추어보고 모든 고통과 괴로움을 건넜다. 사리자여! 색은 공과 다르지 않고 공은 색과 다르지 않으니 색은 곧 공이요 공은 곧 색이니 수·상·행·식도 또한 이와 같다. 사리자여! 이러한 모든 존재의 공한 모습은 생기지도 않고 없어지지도 않으며, 더러워지지도 않고 깨끗해지지도 않으며, 늘어나지도 않고 줄어들지도 않는다. 이 때문에 공 안에서는 색은 없고 수·상·행·식도 없다. 안·이·비·설·신·의도 없고 색·성·향·미·촉·법도 없다. 안계도 없고 또는 의식계도 없다. 무명도 없고 또한 무명이 다했다는 것도 없으며 그리고 노사도 없고 또한 노사가 다했다는 것도 없다. 고·집·멸·도가 없다. 앎도 없고 또한 얻음도 없다. 그러므로 얻을 바가 없기 때문에 보리살타는 반야바라밀다를 의지한다. 그러므로 마음이 걸림 없고 걸림없기 때문에 공포도 없고 뒤바뀐 헛된 생각을 멀리하고 끊어내어 마침내 열반으로 이어진다. 과거·현재·미래의 모든 부처가 반야바라밀다를 의지했기 때문에 최상의 깨달음을 얻었다. 그러므로 알아라. 반야바라밀다는 크고 진귀한 주문이며 크고 밝은 주문이며 위없는 주문이며 등급을 나눌 수 없는 등급의 주문이다. 모든 고통을 제거할 수 있고 진실해서 거짓이 없다. 그러므로 반야바라밀다의 주문을 말한다. 곧 주문을 말하자면 다음과 같다. 아제아제 바라아제 바라승아제 모지사바하

3. 만다라

☞ 지금부터 마음의 소리를 따라 만다라를 채색해 보세요.

1. 한문버전

摩訶般若波羅蜜多心經
마 하 반 야 바 라 밀 다 심 경

觀	自	在	菩	薩	行	深	般	若	波	羅	蜜	多	時
관	자	재	보	살	행	심	반	야	바	라	밀	다	시

照	見	五	蘊	皆	空	度	一	切	苦	厄			
조	견	오	온	개	공	도	일	체	고	액			

舍	利	子	色	不	異	空	空	不	異	色			
사	리	자	색	불	이	공	공	불	이	색			

色	卽	是	空	空	卽	是	色	受	想	行	識		
색	즉	시	공	공	즉	시	색	수	상	행	식		

亦	復	如	是		舍	利	子		是	諸	法	空	相
역	부	여	시		사	리	자		시	제	법	공	상

不	生	不	滅		不	垢	不	淨		不	增	不	減
불	생	불	멸		불	구	부	정		부	증	불	감

是	故		空	中	無	色		無	受	想	行	識	
시	고		공	중	무	색		무	수	상	행	식	

無	眼	耳	鼻	舌	身	意		無	色	聲	香	味	觸	法
무	안	이	비	설	신	의		무	색	성	향	미	촉	법

無	眼	界		乃	至		無	意	識	界		無	無	明
무	안	계		내	지		무	의	식	계		무	무	명

亦	無	無	明	盡		乃	至		無	老	死	
역	무	무	명	진		내	지		무	노	사	

제3부 『반야심경』 사경

亦	無	老	死	盡		無	苦	集	滅	道		無	智	亦
역	무	노	사	진		무	고	집	멸	도		무	지	역

無	得		以	無	所	得	故		菩	提	薩	埵	
무	득		이	무	소	득	고		보	리	살	타	

依	般	若	波	羅	蜜	多		故	心	無	罣	礙
의	반	야	바	라	밀	다		고	심	무	괘	애

無	罣	礙	故		無	有	恐	怖		遠	離	顚	倒
무	괘	애	고		무	유	공	포		원	리	전	도

夢	想		究	竟	涅	槃		三	世	諸	佛
몽	상		구	경	열	반		삼	세	제	불

依	般	若	波	羅	蜜	多	故		得	阿	耨	多	羅	三
의	반	야	바	라	밀	다	고		득	아	뇩	다	라	삼

藐	三	菩	提		故	知		般	若	波	羅	蜜	多
먁	삼	보	리		고	지		반	야	바	라	밀	다

是	大	神	呪		是	大	明	呪		是	無	上	呪
시	대	신	주		시	대	명	주		시	무	상	주

是	無	等	等	呪		能	除	一	切	苦			
시	무	등	등	주		능	제	일	체	고			

眞	實	不	虛		故	說	般	若	波	羅	蜜	多	呪
진	실	불	허		고	설	반	야	바	라	밀	다	주

卽	說	呪	曰		揭	諦	揭	諦		波	羅	揭	諦
즉	설	주	왈		아	제	아	제		바	라	아	제

波	羅	僧	揭	諦		菩	提	娑	婆	訶			
바	라	승	아	제		모	지	사	바	하			

2. 한글버전

마하반야바라밀다심경

관자재보살이 깊은 반야바라밀다를 행할 때 오온이 모두 공하다는 것을 비추어보고 모든 고통과 괴로움을 건넜다. 사리자여! 색은 공과 다르지 않고 공은 색과 다르지 않으니 색은 곧 공이요 공은 곧 색이니 수·상·행·식도 또한 이와 같다. 사리자여! 이러한 모든 존재의 공한 모습은 생기지도 않고 없어지지도 않으며, 더러워지지도 않고 깨끗해지지도 않으며, 늘어나지도 않고 줄어들지도 않는다. 이 때문에 공 안에서는 색은 없고 수·상·행·식도 없다. 안·이·비·설·신·의도 없고 색·성·향·미·촉·법도 없다. 안계도 없고 또는 의식계도 없다. 무명도 없고 또한 무명이 다했다는 것도 없으며 그리고 노사도 없고 또한 노사가 다했다는 것도 없다. 고·집·멸·도가 없다. 앎도 없고 또한 얻음도 없다. 그러므로 얻을 바가 없기 때문에 보리살타는 반야바라밀다를 의지한다. 그러므로 마음이 걸림 없고 걸림없기 때문에 공포도 없고 뒤바뀐 헛된 생각을 멀리하고 끊어내어 마침내 열반으로 이어진다. 과거·현재·미래의 모든 부처가 반야바라밀다를 의지했기 때문에 최상의 깨달음을 얻었다. 그러므로 알아라. 반야바라밀다는 크고 진귀한 주문이며 크고 밝은 주문이며 위없는 주문이며 등급을 나눌 수 없는 등급의 주문이다. 모든 고통을 제거할 수 있고 진실해서 거짓이 없다. 그러므로 반야바라밀다의 주문을 말한다. 곧 주문을 말하자면 다음과 같다. 아제아제 바라아제 바라승아제 모지사바하

3. 만다라

☞ 지금부터 마음의 소리를 따라 만다라를 채색해 보세요.

1. 한문버전

摩訶般若波羅蜜多心經
마 하 반 야 바 라 밀 다 심 경

觀	自	在	菩	薩	行	深	般	若	波	羅	蜜	多	時
관	자	재	보	살	행	심	반	야	바	라	밀	다	시

照	見	五	蘊	皆	空	度	一	切	苦	厄			
조	견	오	온	개	공	도	일	체	고	액			

舍	利	子	色	不	異	空	空	不	異	色			
사	리	자	색	불	이	공	공	불	이	색			

色	卽	是	空	空	卽	是	色	受	想	行	識		
색	즉	시	공	공	즉	시	색	수	상	행	식		

제3부 『반야심경』 사경

亦	復	如	是	舍	利	子	是	諸	法	空	相
역	부	여	시	사	리	자	시	제	법	공	상

不	生	不	滅	不	垢	不	淨	不	增	不	減
불	생	불	멸	불	구	부	정	부	증	불	감

是	故	空	中	無	色	無	受	想	行	識	
시	고	공	중	무	색	무	수	상	행	식	

無	眼	耳	鼻	舌	身	意	無	色	聲	香	味	觸	法
무	안	이	비	설	신	의	무	색	성	향	미	촉	법

無	眼	界	乃	至	無	意	識	界	無	無	明
무	안	계	내	지	무	의	식	계	무	무	명

亦	無	無	明	盡	乃	至	無	老	死		
역	무	무	명	진	내	지	무	노	사		

亦	無	老	死	盡	無	苦	集	滅	道	無	智	亦
역	무	노	사	진	무	고	집	멸	도	무	지	역

無	得	以	無	所	得	故	菩	提	薩	埵	
무	득	이	무	소	득	고	보	리	살	타	

依	般	若	波	羅	蜜	多	故	心	無	罣	礙
의	반	야	바	라	밀	다	고	심	무	괘	애

無	罣	礙	故	無	有	恐	怖	遠	離	顚	倒
무	괘	애	고	무	유	공	포	원	리	전	도

夢	想	究	竟	涅	槃	三	世	諸	佛	
몽	상	구	경	열	반	삼	세	제	불	

依	般	若	波	羅	蜜	多	故	得	阿	耨	多	羅	三
의	반	야	바	라	밀	다	고	득	아	녹	다	라	삼

제3부 『반야심경』 사경

藐	三	菩	提		故	知		般	若	波	羅	蜜	多
먁	삼	보	리		고	지		반	야	바	라	밀	다

是	大	神	呪		是	大	明	呪		是	無	上	呪
시	대	신	주		시	대	명	주		시	무	상	주

是	無	等	等	呪		能	除	一	切	苦
시	무	등	등	주		능	제	일	체	고

眞	實	不	虛		故	說	般	若	波	羅	蜜	多	呪
진	실	불	허		고	설	반	야	바	라	밀	다	주

卽	說	呪	曰		揭	諦	揭	諦		波	羅	揭	諦
즉	설	주	왈		아	제	아	제		바	라	아	제

波	羅	僧	揭	諦		菩	提	娑	婆	訶
바	라	승	아	제		모	지	사	바	하

2. 한글버전

마하반야바라밀다심경

　관자재보살이 깊은 반야바라밀다를 행할 때 오온이 모두 공하다는 것을 비추어보고 모든 고통과 괴로움을 건넜다. 사리자여! 색은 공과 다르지 않고 공은 색과 다르지 않으니 색은 곧 공이요 공은 곧 색이니 수·상·행·식도 또한 이와 같다. 사리자여! 이러한 모든 존재의 공한 모습은 생기지도 않고 없어지지도 않으며, 더러워지지도 않고 깨끗해지지도 않으며, 늘어나지도 않고 줄어들지도 않는다. 이 때문에 공 안에서는 색은 없고 수·상·행·식도 없다. 안·이·비·설·신·의도 없고 색·성·향·미·촉·법도 없다. 안계도 없고 또는 의식계도 없다. 무명도 없고 또한 무명이 다했다는 것도 없으며 그리고 노사도 없고 또한 노사가 다했다는 것도 없다. 고·집·멸·도가 없다. 앎도 없고 또한 얻음도 없다. 그러므로 얻을 바가 없기 때문에 보리살타는 반야바라밀다를 의지한다. 그러므로 마음이 걸림 없고 걸림없기 때문에 공포도 없고 뒤바뀐 헛된 생각을 멀리하고 끊어내어 마침내 열반으로 이어진다. 과거·현재·미래의 모든 부처가 반야바라밀다를 의지했기 때문에 최상의 깨달음을 얻었다. 그러므로 알아라. 반야바라밀다는 크고 진귀한 주문이며 크고 밝은 주문이며 위없는 주문이며 등급을 나눌 수 없는 등급의 주문이다. 모든 고통을 제거할 수 있고 진실해서 거짓이 없다. 그러므로 반야바라밀다의 주문을 말한다. 곧 주문을 말하자면 다음과 같다. 아제아제 바라아제 바라승아제 모지사바하

3. 만다라

☞ 지금부터 마음의 소리를 따라 만다라를 채색해 보세요.

1. 한문버전

摩訶般若波羅蜜多心經
마 하 반 야 바 라 밀 다 심 경

觀	自	在	菩	薩	行	深	般	若	波	羅	蜜	多	時
관	자	재	보	살	행	심	반	야	바	라	밀	다	시

照	見	五	蘊	皆	空	度	一	切	苦	厄	
조	견	오	온	개	공	도	일	체	고	액	

舍	利	子	色	不	異	空	空	不	異	色
사	리	자	색	불	이	공	공	불	이	색

色	卽	是	空	空	卽	是	色	受	想	行	識
색	즉	시	공	공	즉	시	색	수	상	행	식

亦復如是 舍利子 是諸法空相
역 부 여 시　사 리 자　시 제 법 공 상

不生不滅　不垢不淨　不增不減
불 생 불 멸　불 구 부 정　부 증 불 감

是故　空中無色　無受想行識
시 고　공 중 무 색　무 수 상 행 식

無眼耳鼻舌身意　無色聲香味觸法
무 안 이 비 설 신 의　무 색 성 향 미 촉 법

無眼界　乃至　無意識界　無無明
무 안 계　내 지　무 의 식 계　무 무 명

亦無無明盡　乃至　無老死
역 무 무 명 진　내 지　무 노 사

제3부 『반야심경』 사경

亦	無	老	死	盡		無	苦	集	滅	道		無	智	亦
역	무	노	사	진		무	고	집	멸	도		무	지	역

無	得		以	無	所	得	故		菩	提	薩	埵		
무	득		이	무	소	득	고		보	리	살	타		

依	般	若	波	羅	蜜	多		故	心	無	罣	礙
의	반	야	바	라	밀	다		고	심	무	괘	애

無	罣	礙	故		無	有	恐	怖		遠	離	顚	倒
무	괘	애	고		무	유	공	포		원	리	전	도

夢	想		究	竟	涅	槃		三	世	諸	佛		
몽	상		구	경	열	반		삼	세	제	불		

依	般	若	波	羅	蜜	多	故		得	阿	耨	多	羅	三
의	반	야	바	라	밀	다	고		득	아	뇩	다	라	삼

제3부 『반야심경』 사경

藐	三	菩	提		故	知		般	若	波	羅	蜜	多
막	삼	보	리		고	지		반	야	바	라	밀	다

是	大	神	呪		是	大	明	呪		是	無	上	呪
시	대	신	주		시	대	명	주		시	무	상	주

是	無	等	等	呪		能	除	一	切	苦			
시	무	등	등	주		능	제	일	체	고			

眞	實	不	虛		故	說	般	若	波	羅	蜜	多	呪
진	실	불	허		고	설	반	야	바	라	밀	다	주

卽	說	呪	曰		揭	諦	揭	諦		波	羅	揭	諦
즉	설	주	왈		아	제	아	제		바	라	아	제

波	羅	僧	揭	諦		菩	提	娑	婆	訶			
바	라	승	아	제		모	지	사	바	하			

제3부 『반야심경』 사경

2. 한글버전

마하반야바라밀다심경

관자재보살이 깊은 반야바라밀다를 행할 때 오온이 모두 공하다는 것을 비추어보고 모든 고통과 괴로움을 건넜다. 사리자여! 색은 공과 다르지 않고 공은 색과 다르지 않으니 색은 곧 공이요 공은 곧 색이니 수·상·행·식도 또한 이와 같다. 사리자여! 이러한 모든 존재의 공한 모습은 생기지도 않고 없어지지도 않으며, 더러워지지도 않고 깨끗해지지도 않으며, 늘어나지도 않고 줄어들지도 않는다. 이 때문에 공 안에서는 색은 없고 수·상·행·식도 없다. 안·이·비·설·신·의도 없고 색·성·향·미·촉·법도 없다. 안계도 없고 또는 의식계도 없다. 무명도 없고 또한 무명이 다했다는 것도 없으며 그리고 노사도 없고 또한 노사가 다했다는 것도 없다. 고·집·멸·도가 없다. 앎도 없고 또한 얻음도 없다. 그러므로 얻을 바가 없기 때문에 보리살타는 반야바라밀다를 의지한다. 그러므로 마음이 걸림없고 걸림없기 때문에 공포도 없고 뒤바뀐 헛된 생각을 멀리하고 끊어내어 마침내 열반으로 이어진다. 과거·현재·미래의 모든 부처가 반야바라밀다를 의지했기 때문에 최상의 깨달음을 얻었다. 그러므로 알아라. 반야바라밀다는 크고 진귀한 주문이며 크고 밝은 주문이며 위없는 주문이며 등급을 나눌 수 없는 등급의 주문이다. 모든 고통을 제거할 수 있고 진실해서 거짓이 없다. 그러므로 반야바라밀다의 주문을 말한다. 곧 주문을 말하자면 다음과 같다. 아제아제 바라아제 바라승아제 모지사바하

3. 만다라

☞ 지금부터 마음의 소리를 따라 만다라를 채색해 보세요.

오직
마음뿐

맺음말

入此門內입차문래 / 이 문안에 들어오려거든

莫存知解막존지해 / 알음알이에 있지 말라.

알음알이[知解]란 무엇인가? 좀 낯선 말로 그것은 행해行解이다. 이때 행해란 주관인 심식心識이 대상에 작용하여 그 모양을 분별해서 이해하는 것이다. 이 행해의 과정에 무명無明이 관여한다. 그래서 우리는 세상을 본래 그대로 보는데 실패한다. 반면 무명을 걷어낸 상태에서 세상을 보면 우리는 있는-그대로의-실상[眞-相]을 볼 수 있다.

이렇듯 『반야심경』의 처음[알파]과 끝[오메가]은 세상을 여실하게 볼 수 있도록 인간의 근원적 무명을 타파하는 데 있다. 무명을 타파하라! 그러면 있는 그대로 세상을 볼 수 있으리라. 무명으로 인해 우리는 어리석음에 빠져 산다. 이 무명만 제거하면 우리 마음속에 고통과 집착이 자연히 사라질 것이다. 이를 설파한 것이 『반야심경』이라 보면 틀림없다.

마음의 고통과 집착에서 벗어나고 싶은가. 그 길이 『반야심경』에 들어 있다. 이 길을 따라 나아가라. 그러면 여러분은 마음의 평온[涅槃·nirvāṇa]을 얻으리라. 따라서 『반야심경』을 현대적으로 말하면 마음치유의 경전인 셈이다. 여러분이 마음공부를 통해 마음치유를 하고 싶은가. 그러면 주저 없이 『반야심경』을 손에 들고 열심히 독송讀誦하라, 수행자의 마음으로!

일체개고一切皆苦! 모든 것이 다 고통이다! 이를 수용하는가. 그렇다면 이렇게 하라.
이고득락離苦得樂! 고통을 떠나 즐거움을 얻어라! 『반야심경』의 도움을 받으면서 말이다.

부록

원문

摩訶般若波羅蜜多心經

觀自在菩薩行深般若波羅蜜多時照見五蘊皆空度一切苦厄舍利子色不異空空不異色色卽是空空卽是色受想行識亦復如是舍利子是諸法空相不生不滅不垢不淨不增不減是故空中

無色無受想行識無眼耳鼻舌身意無色聲香味觸法無眼界乃至無意識界無無明亦無無明盡乃至無老死亦無老死盡無苦集滅道無智亦無得以無所得故菩提薩埵依般若波羅蜜多故心無罣礙無罣礙故無有恐怖遠離顛倒夢想究竟涅槃三世諸佛依般若波羅蜜多故得阿耨多羅三藐三菩提故知般若波羅蜜多是大神呪是大明呪是無上呪是無等等呪能除一切苦眞實不虛故說般若波羅蜜多呪卽說呪曰揭諦揭諦波羅揭諦波羅僧揭諦菩提娑婆訶

참고한 도서

김명우, 『범어로 반야심경을 해설하다』, 서울: 민족사, 2010.

대한한사전편찬실 편, 『교학대한한사전』, 서울: 1998.

동아출판사 편집국 편, 『동아한한대사전』, 서울: 동아출판사, 1990.

박종매, 『현대 한·영 불교용어사전』, 서울: 푸른향기, 2012.

민중서림 편집국 편, 『엣센스 중한사전』, 파주: 2018.

이중표, 『니까야로 읽는 반야심경』, 서울: 불광출판사, 2017.

이중표, 『불교란 무엇인가: 초심자가 던지는 질문』, 서울: 불광출판사, 2017.

이중표, 『붓다의 철학』, 서울: 불광출판사, 2018.

지 뿌, 『반야심경』, 김진무 옮김, 서울: 일빛, 2015.

현 봉, 『반야심경』, 서울: 불광출판사, 2011.

효도 가즈오, 『유식불교, 『유식이십론』을 읽다』, 김명우·이상우 옮김, 서울: 예문서원, 2011.

Muller, A. C.·전옥배, 『한영불교대사전』, 서울: 운주사, 2014.

Buswell, Jr., R. E., & Lopez, Jr., D. S., *The Princeton Dictionary of Buddhism*, Princeton: Princeton University Press, 2013.

Conze, E., *Buddhist Wisdom: The Diamond Sutra and The Heart Sutra*, New York: Vintage Books. / 임옥균·진현종 옮김, 『불교 지혜의 원천』, 서울: 경서원, 1990.

Lopez, Jr., D. S., *The Heart Sūtra Explained: Indian and Tibetan Commentaries*, Albany: State University of New York Press, 1988.

Sangharakshita, *The Buddha's Noble Eightfold Path*, UK, Cambridge: Windhorse Publication Ltd., 2016.

Tazuaki Tanahashi, *The Heart Sutra*, Colorado: Shambhala Publications, Inc., 2014.